本书由内蒙古师范大学出版基金和内蒙古师范大学经济学院资助

包凤兰◎著

半农半牧区经济
发展模式研究：
以内蒙古为例

中国社会科学出版社

图书在版编目（CIP）数据

半农半牧区经济发展模式研究：以内蒙古为例/包凤兰
著 . —北京：中国社会科学出版社，2016.4
ISBN 978 - 7 - 5161 - 8279 - 6

Ⅰ.①半… Ⅱ.①包… Ⅲ.①农业经济发展—经济发展
模式—研究—内蒙古 ②畜牧业经济—经济发展模式—研
究—内蒙古 Ⅳ.①F327.26②F326.372.6

中国版本图书馆 CIP 数据核字（2016）第 116731 号

出 版 人	赵剑英	
责任编辑	戴玉龙	
责任校对	孙红波	
责任印制	王 超	

出 版	中国社会科学出版社	
社 址	北京鼓楼西大街甲 158 号	
邮 编	100720	
网 址	http://www.csspw.cn	
发 行 部	010 - 84083685	
门 市 部	010 - 84029450	
经 销	新华书店及其他书店	

印 刷	北京君升印刷有限公司	
装 订	廊坊市广阳区广增装订厂	
版 次	2016 年 4 月第 1 版	
印 次	2016 年 4 月第 1 次印刷	

开 本	710 × 1000 1/16	
印 张	11.25	
插 页	2	
字 数	158 千字	
定 价	65.00 元	

摘　　要

改革开放 30 多年来，我国国民经济快速发展，GDP 增速年均近 10%，2011 年 GDP 总量超过日本，居世界第二位。但是，城乡二元结构和地区经济发展不平衡问题始终未能得到有效的解决，而城乡二元结构和地区发展不平衡问题在半农半牧区尤为明显。

半农半牧区是连接农区与牧区的生态过渡区。其发展对我国生态环境改善、国民经济持续发展和民族团结等方面，均有重要的战略意义。事实证明，半农半牧区社会经济发展水平明显滞后于农区，而农牧业产业化发展方面，半农半牧区却有着农区和牧区所不具备的发展潜力。目前，半农半牧区既是影响国民经济整体发展水平和地区经济协调发展的地区，同时也是我国农村经济发展最具带动力、最具潜力的地区。在全国农村土地集体所有制实现形式多元化和农牧业产业化发展成为必然趋势的背景下，半农半牧区要选择什么样的经济发展模式是值得研究的课题。

本书由三部分组成：导论部分、主干部分（第二至第六章）和结论部分。

第一章导论：由选题背景、选题意义、相关概念的界定、理论基础、文献综述、研究内容、研究方法、创新之处和不足之处等构成。

第二章：半农半牧区形成与发展的历史回顾。本章运用大量前人研究的史料文献，勾勒出内蒙古半农半牧区形成与发展的历史沿革及其最终形成的地区自然、社会特征。本章研究发现，在半农半牧区的形成和发展中，政府的政策制度安排起到了关键性作用。因此，政府在半农半牧区经济发展模式的构建和完善中，应如何发挥其作用极其重要。

第三章：半农半牧区经济发展现状及存在的问题。从半农半牧区的重要地位出发，笔者运用大量的官方统计数据和调查数据，分析研究了内蒙古半农半牧区的经济发展现状、存在问题及其原因。内蒙古半农半牧区具有防治和保护生态功能、为国民经济提供重要矿产资源和电力能源的经济功能、连接农区和牧区经济的区位功能以及促进民族团结的政治功能。但是，从内蒙古半农半牧区目前的经济发展现状和存在问题来看，其尚未发挥出重要经济地位和生态功能作用，经济发展中存在经济增长缓慢、经济发展与社会发展不协调、经济发展与生态环境不协调等问题。究其原因，与其自然条件、政府的制度安排、历史文化传统等有密切联系。

第四章：国内外农牧业发展模式及其启示。国外没有"半农半牧区"的地区划分，一般将类似于半农半牧区叫做干旱半干旱地区。本章分析总结了国内外半农半牧区经济发展模式的成功案例和经验教训。美国、苏联和非洲撒哈拉地区，因不合理的开发和规划，而引起的严重生态恶化现象以及治理的经验教训，为内蒙古半农半牧区的土地利用和开发，起到警示作用；同时，美国、日本等国家的现代农牧业经营模式，对内蒙古半农半牧区的生态经济发展模式，提供了重要的参考价值；我国辽宁、四川等地半农半牧区的农牧业循环发展模式，也对内蒙古半农半牧区生态经济发展模式的构建，提供了具体运行机制方面的参考。

第五章：半农半牧区传统经济发展模式的利弊分析。经济发展模式的选择，会受到资源条件、生产力水平、政府的作用和社会文化影响等主要因素的制约。内蒙古半农半牧区因受以上因素的制约，其传统的经济发展模式在家庭联产承包责任制的框架下，农牧业经营方式和生产组织模式上有了一定的变迁。但是，传统经济发展模式的弊端，始终影响其经济社会的更好发展，影响半农半牧区经济的产业化、规模化、集约化发展。其劳动生产效率低、社会效益不高、生态效益差等特点成为构建新型经济发展模式的研究线索。

第六章：构建半农半牧区新型经济发展模式：生态经济模式。内蒙古半农半牧区生态畜牧业经济发展模式的构建，是由全国生态环境的改善战略和现代农牧业发展的必然要求决定的，也是半农半牧区特有的地理区位优势、丰富的自然资源优势以及独特的文化优势出发，界定半农半牧区要构建的新型经济发展模式的内涵及特点。生态畜牧业模式的构建体系包括生态畜牧业及生态农业和生态农畜产品加工业，对生态经济发展模式的具体运行机理做一翔实的分析。认为生态经济模式是以"种—养—工"循环经济为运行机制。最后提出各级政府在半农半牧区生态经济发展模式的构建和完善过程中应该发挥关键性作用。政府组织积极培育农牧业龙头企业；推进农牧业产业化经营，合理有效地使用土地；提高耕田和草场质量，加大生态经济发展的政策支持力度；各级政府整合力量，增加基础设施投入；加强政府监管和服务职能。

结论：由内蒙古半农半牧区特有的区位、资源条件、历史文化及人文特征等因素决定，选择生态经济发展模式是内蒙古半农半牧区经济发展的必然选择。其运行机制与农区的生态经济模式也有所不同，有必要进行进一步的研究。

本书可能的创新性：第一，从研究视角上看，学术界有关半农半牧区相关研究成果非常多。但已有的研究大多是广义上的、宏观层面上的、自然科学领域的、技术层面上的研究。自然科学和社会科学相结合、宏观层面和微观层面相结合、技术分析和理论研究相结合的论著较少。本书在研究视角上试图超越这一局限。第二，从研究方法上看，已有的研究更多的是广义的半农半牧区研究，即农牧交错带研究。本书为了准确确定研究对象和研究范围，区分了狭义的半农半牧区和广义的半农半牧区，将原来的半农半牧区和农牧交错带的关系进行了梳理，对区域经济学的概念体系作出一定的拓宽。第三，本书基于研究的需要，将区域经济学中的城乡区域进一步细化为纯农区域、纯牧区域和半农半牧区域。这对于半农半牧区这一特殊区域的经济社会发展具有重要的意义。

关键词：半农半牧区；生态经济发展模式；"种—养—工"循环运行机制

Abstract

It has been 30 years since Reform and Opening up, the rapid development of Chinese national economy is unprecedented, and the annual GDP growth rate reached nearly 10%. In 2011, China's GDP surpassed Japan, became the second ranking in the world. But the urban – rural dual structure and regional economic development imbalances still has not been resolved, therefore, the issue of agricultural and pastoral area stands out particularly.

As the ecological transition zone, agricultural and pastoral area connects the rural area and pastoral area. The development of these areas has important strategic significant meaning to the improvement of China's ecologic environment, suitable development of national economy and national unity. Facts have proved that comparing with the agricultural social development level, the development of pastoral areas and agricultural and pastoral areas is much slower. Simultaneously, agricultural and pastoral area has the potential developmental power on the agricultural industrialization developmental side, which both agricultural area and pastoral area could not hold. At present, agricultural and pastoral area does not only influence the overall development level of national economy and the coordinated development of regional economic zone, also the most driving force and the most potential region of the rural economic development in our country. Under the background of the diversified realization form of rural collective land ownership and agricultural industrialization development become inevitable trend, what kind of economic development form would be match with the agricultural and pastoral area become worth analyzing research.

This paper consists of three parts: introduction, body part (including chapter one to chapter five) and conclusion.

Introduction part consists of the background and significant meaning of selected topic, literature review, research contents, research methods and innovation and so on.

Chapter one is about the formation of research area—agricultural and pastoral area. This chapter outlines the historical evolution of both formation and development of agricultural and pastoral area in Inner Mongolia through a lot of predecessors' researches of historical documents and the final formation of the regional natural social features. Looking through the analysis of this chapter, the arrangement of government's strategic policy plays a great deal in the formation and development of agricultural and pastoral area. The conclusion of this chapter provided a clue to the problem which laid in the last part of thesis that how the government functions in the process of these areas' construction of economic development pattern.

Chapter two relates to the recent development and the existing problem of agricultural and pastoral area. Starting from the important status of agricultural and pastoral areas, using a large number of official macro statistics and writer's micro survey data, it analyzed the present situation of agricultural and pastoral area's development, existing problems and the causes as well. Agricultural and pastoral area of Inner Mongolia has the function of preventing and protecting ecology, providing important mineral resources and electric energy to national economy, connecting the economic level between agricultural and pastoral area, in addition, and the potential function of national unity. However, looking from the current economic development situation and the existing problems in agricultural and pastoral area of Inner Mongolia, the very area has not played its important economic status and ecologic function. In the process of its development, there have existed such problems like slow – growth economy, the inharmonious social and economic development, the inharmonious ecologic and economic development. During the investigation, it turns out that related to its natural condition, the government's system arrangement and historical and cultural tradition.

Chapter three is about the development pattern and revelation of agricultural and pastoral area at home and abroad. Although there have not exact region and definition of agricultural and pastoral area abroad, the similar region does exist there. It analyzes and concludes the successful cases and experiences of economic development pattern in the similar geologic area both at home and abroad. Among them, the serious ecological deterioration and management experience lessons which caused by unreasonable exploitation and project in some foreign countries like the United States of America, the former Soviet Union brought warning role to land usage and exploitation in agricultural and pastoral area in Inner Mongolia. In the meanwhile, the modern agricultural and animal husbandry business pattern in some countries like USA and Japan provided important reference value to ecological economic development pattern in agricultural and pastoral area in Inner Mongolia. The agricultural and animal husbandry business pattern in domestic region like Liaoning and Sichuan also provided important reference of specific operation mechanism.

Chapter four is about the analysis of traditional economic development pattern. The choice of economic development pattern would effected by the main elements like resource condition, level of productivity, the function of government and social culture influence. The agricultural and pastoral area in Inner Mongolia restricted by the above factors, under the frame of the household contract responsibility system, its traditional economic development pattern had some change on the agricultural and animal husbandry business pattern and productive organization pattern. But the shortage of traditional economic development pattern always influences its better development of economy and society, also its development of industrialization, large – scale and intensity. The features like low labor productivity and bad social and ecological benefit became a clue to build a new type of economic development pattern.

Chapter five is about the construction of a new economic development pattern in agricultural and pastoral area. The construction of ecological animal husbandry's economic development pattern in agricultural and pastoral area of Inner Mongolia is the necessary demanded decision of national ecological strategy and modern agricultural and animal husbandry development, and also defining the connotation and characteristic of a new economic development pattern in agricultural and pastoral area based on the specific geographical location advantage, rich natural resources and unique cultural advantage. The main building system of ecological animal husbandry pattern consists of ecological animal husbandry, ecological agriculture and ecological livestock products processing industry. It deeply and detaily analysed the specific operation mechanism of ecological economic development pattern and thought the "plant – feed – work" circular economy would be the proper pattern. At last, it puts forward the key function of different level governments in the process of the development and perfection of ecological economic development pattern. The government should organize and vigorously develop the leading enterprices in agricultural husbandary field, promote the reasonable usage of agricultural industralized operation, improve the quality of farming and pasture, intensify the policy support of ecological economic development, governments at all levels integrated strength and increase investment to infrustructures, strengthen the government supervision and service function.

In conclusion, it put it straight that ecological economic development pattern is the necessary choice of agricultural and pastoral area of Inner Mongolia decided upon advantages of region, resource and historical culture. There are still some differences between the circular mechanism of ecological economic pattern in agricultural and pastoral area and rural area, which needs further research.

The possible viewpoints of this thesis are illustrated in the following sentences. First, when it mentioned to research perspective, there have been much related researches among academic field. But they were mostly analyzed from a broad sense, the macro level, natural science and technical level. The combination of natural and social science, macro and micro level, technical analysis and theoretical research have not used in the former researches. This thesis tried to overcome this limitation on the research perspective. Second, on the research method, the existing researches mostly are about generalized analysis of agricultural and pastoral area, which is the crisscross of agriculture and husbandry. This thesis distinguished the similar areas in order to actually determine the scope and object of research. It straightened out the relationship and broadened the concept of regional economic system.

Key words: ecological economic pattern of agricultural and pastoral areas; "plant – feed – work" circular economic development pattern; Characteristic industry development pattern

目　录

第一章 导论

第一节 选题背景和选题意义

一 选题背景

我国实施改革开放以来，国民经济得到了前所未有的快速发展，GDP 增长创下了年均近 10% 的纪录。2011 年我国 GDP 总量超过日本，居世界第二位。但是，二元经济结构尚未打破，农村牧区并未享受到这种高经济增长带来的成果。尤其是处于农区边缘和牧区边缘的半农半牧区长期以来一直是地区发展的盲区，基本未能享受到经济发展成果。内蒙古的半农半牧区是我国农村牧区的重要组成部分，也是我国北方半农半牧区的主体部分。事实证明，在农业技术快速发展的现代社会中，农区的经济发展远比牧区和半农半牧区快，而与农区相比，牧区和半农半牧区的经济发展非常滞后。近年来，内蒙古经济迅猛发展，其经济增长速度连续 8 年居全国之首，从而引起人们的强烈关注，被称为"内蒙古现象""内蒙古模式"。然而，内蒙古牧区和半农半牧区的草场面积不断缩小，其产草量急剧下降，草原的"三化"（沙化、退化和盐渍化）问题日趋严重，影响到整个北方地区，甚至影响到大洋彼岸的生态环境，引起政府和学界的广泛关注。而半农半牧区的生态脆弱性和社会发展程度与农区和牧区均不相同，有其特有的发展规律和发展模式。然而，从目前的半农半牧区发展现实可看出，半农半牧区的地位和发展方向的认识上存在很大的问题，没有现成的理论和实践经验可借鉴，已有的研究成果更多的是从生态学、地理学、农学等方面进行的，而缺乏从经济学等人文社会科学的角度进行的研究。因此，对于半农半牧区来说，能够遵循生态环境发展的自然规律，建立一种经济、社会和生态协调发展的发展模式，已成为亟待解决的重大理论与现实问题。

（一）地区经济社会的非均衡发展

地区非均衡发展是国际性的问题，我国地区非均衡发展越发明显。半农半牧区经济社会发展滞后便是地区非均衡发展的又一特殊表现形式。全国半农半牧旗县的经济发展，具有相同的特点和类似的问题。随着由农牧业大区向工业大区的迈进，内蒙古半农半牧区经济发展明显落后于农区，严重影响到内蒙古地区协调发展。以能源型产业投资为拉动力的内蒙古经济发展，主要给城市带来了空前的发展，而包括半农半牧区在内的整个农村牧区经济社会发展仍然落后，广大农牧民并未分享到全区经济社会发展的成果，其经济发展落后、农牧民生活条件差、生态环境恶化等问题没有得到明显的改观。占全区总人口 58% 的半农半牧区，其生产总值仅占全区的 31.6%①。

（二）社会发展水平低，生产生活条件差

据有关统计资料，半农半牧区生态环境恶化，草场和土地的退化、沙化相当严重。这样的生态环境严重制约该地区的经济和社会的发展，致使居民生活水平常年停留在贫困状态。历史形成的半农半牧之间的矛盾，随着社会的变迁在一定程度和一定范围有激化的趋势。如果这一矛盾得不到解决或缓解，不仅对半农半牧地区的可持续发展带来影响，乃至对整个内蒙古地区以及周边地区的可持续发展，也会带来严重的不利影响。

（三）生态环境恶化严重

半农半牧区生态环境的恶化不仅危及本地区的发展，也危及周边地区甚至大洋彼岸。据统计，20 世纪 50 年代我国北方共发生大

---

① 根据《内蒙古统计年鉴》（2014）数据计算而得。

范围强沙尘暴灾害 5 次，60 年代 8 次，70 年代 13 次，80 年代 14次，90 年代 23 次。沙尘暴直接危害西北和华北地区，并影响到我国南方和整个东亚。特别是 2000 年春季，北京地区遭受 12 次沙尘暴袭击，沙尘暴出现时间之早、发生频率之高、影响范围之广、强度之大为近年罕见，不仅危害北京，而且殃及天津、上海等地，并引起邻国的恐慌①。

（四）半农半牧区具有重要的战略意义

全国半农半牧区基本上都是汉族和少数民族杂居的地方，是各民族经济、政治和文化的大融合区。内蒙古的大部分地区都属于半农半牧经济类型。这些地区的发展问题不仅具有重要的经济发展战略地位，更具有重要的政治上的战略意义。

二 选题意义

我国农牧结合的半农半牧区总面积为 81.35 万平方公里②，半农半牧区是连接农业种植业区与草原畜牧业区的生态过渡带。它是防治荒漠带和沙化带向东部和东南部移动的生态屏障，对促进农业生产、改善生态环境、稳定国民经济持续发展和民族团结具有重要的战略意义。因此，对半农半牧区的研究具有重要的理论价值和现实意义。

（一）对区域经济社会的协调发展和可持续发展具有重要的指导作用

当前，我国东南沿海地区是经济发展的黄金地带。它是由大连、天津、青岛、上海、福州、广州、香港、澳门等沿海城市组成，以加工和外贸为主体的黄金地带。它带动着全国经济的发展。农牧交错带的高原城市系列和平原城市系列及其主导的经济区域联起手来，在西部大开发的过程中，得到了快速发展，从而构成我国第二条黄金地带。这条黄金地带发展好了，将是东西部经济共同起飞的

---

① 于培民、刘富铀：《西北农牧交错带优势产业发展模式探讨》，《现代财经》2003年第 10 期。

② 《中国农牧交错带总面积逾 81 万平方公里》，http://news.xinhuanet.com/news-center/2006 - 07/06/content_ 4800628。

脊梁，也是第一条黄金地带的坚强后盾。因此，中央政府在落实西部大开发战略中，把主要力量放在农牧交错带，重点建设能源、交通和生态环境，以此来带动工业、农业和第三产业的更好更快发展。

内蒙古总体经济发展水平不断提高，"呼包鄂"地区的发展甚至达到了国内发达地区的水平。但是内蒙古中东部地区发展仍然很滞后，而大部分半农半牧旗县分布于中东部地区。内蒙古半农半牧旗县土地总面积为15.3万平方公里，占全区土地总面积的12.9%；总人口为713万，占内蒙古总人口的28.6%；耕地面积为294.02万公顷，占全区耕地总面积的41.2%。然而，内蒙古半农半牧区农牧民人均纯收入为7662元，比农区低10个百分点，并且在全区101个旗县区中，21个半农半牧旗县的14个排在50名之后。更值得关注的是，内蒙古57个贫困县（包括国家级31个和自治区级26个）中，半农半牧区有16个，占28%。不管占地面积还是人口比重，半农半牧区是内蒙古不可忽视的重要部分，尤其是其经济发展水平和农牧民人均纯收入情况与内蒙古近几年的发展水平形成鲜明的对比。因此，构建半农半牧区经济发展的有效模式及其途径关系到内蒙古地区发展差距的缩小和区域经济协调发展等重要问题。

（二）促进民族团结和社会主义和谐社会的建设

我国半农半牧区的绝大部分在内蒙古境内，同时，它也是我国少数民族聚居的地区。如果民族地区的经济、社会和生态发展问题得不到及时妥当的解决，极有可能酿成民族矛盾甚至发生冲突。因此，对半农半牧区的经济发展问题研究具有重要的政治意义。目前，内蒙古半农半牧区的总人口为713万，占全区总人口的28.6%，其中，24%为少数民族；内蒙古的蒙古族总人口的56.3%居住在半农半牧区[1]。

（三）具有很强的民族文化传承和发展的价值

半农半牧区是随着传统游牧经济受到自然环境的恶化和社会因

---

① 内蒙古自治区畜牧业厅修志编史委员会编：《内蒙古畜牧业发展史》，内蒙古人民出版社2000年版。

素的影响而形成的一种特殊的经济类型。其形成是农耕文化和游牧文化的长期碰撞和融合的结果。半农半牧区的形成和发展充分体现了自然、经济和文化之间的相互作用，尤其体现了不同文化之间的相互影响以及文化对经济发展过程的重要影响。因此，有关半农半牧区的研究，不仅具有经济政治意义，也有很高的文化价值。

（四）对于生态环境的恢复和改善，具有重要的意义

生态安全是人类古老而永恒的主题。人们一般认为一个功能正常的生态系统才是一个健康的系统。一般情况下，它能够稳定而可持续地发挥它的组织结构和自我恢复的功能。如果一旦生态系统发挥不了自我恢复功能，那说明生态系统已经不健康了。半农半牧区的生态系统是非常脆弱的，其内在功能很容易被打破，而其功能的发挥受到影响。目前，该地区的生态安全已经受到极其严重的威胁，如果不制定积极有效的解决对策，会影响到东南部的农业以及整个经济社会的发展。因此，该课题研究还具有很强的生态保护意义。

（五）本书具有一定的理论价值

笔者有机结合经济史和经济学理论，运用历史唯物主义方法，试图从客观的角度，在论述农业经济渗透牧业经济而形成的半农半牧经济类型的形成历史过程及其发展现状的基础上，探索和构建半农半牧区经济发展模式，从而对农牧关系研究和区域经济研究以及产业经济研究作出一定的理论扩展，同时对内蒙古自治区区域经济的协调发展以及北方半农半牧地区的经济发展提供一定的理论依据和实践参考。

第二节　相关概念的界定

本书以内蒙古的21个半农半牧旗县①为研究对象（范围），从半

---

① 旗是内蒙古自治区行政区划单位，规格相当于县。

农半牧区形成的历史沿革入手，在分析半农半牧区的发展现状、存在问题的基础上，探讨半农半牧区经济发展模式的构建和保证措施。

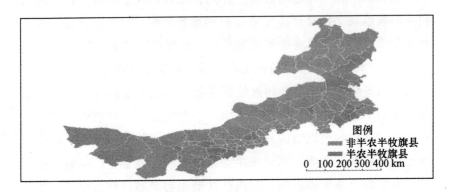

图1-1 内蒙古自治区半农半牧旗县分布

一 半农半牧区

半农半牧是根据土地的利用方式来划分的区域经济学范畴；是相对于牧区和农区而言的，一种既有农业生产，也有畜牧业生产的经济类型。一般指同一个地区的经营户，同时经营种植业和畜牧业的经济类型。具体体现在同一户定居的人家，在从事种植业的同时，又放养一定数量的牲畜；或者是同一户原来主要从事畜牧业生产，后来抽出部分劳动力再发展农业。半农半牧区经济区域的具体类型包括偏农型、农牧型、牧农型、偏牧型、偏林型5种类型（陈海，2005）。

半农半牧区又称半农半牧经济类型区、农牧结合区。我国半农半牧区处在农牧交错带或农牧交错区内。不同的学科对半农半牧区的界定有所不同。

（一）经济学标准（基于农业调查统计的划分方法）

（1）赵松乔的标准

赵松乔认为，农牧区的界定标准应该是国民经济比重或其他因素（例如农牧产品在区际商品生产中占有主要地位的部门，耕地与牧场面积的比例，以及民族与历史发展因素等）。如果以国民经济比重为主要标准，牧业（或农业）产值占农林牧渔副业总产值的70%以上地区为牧业（或农业）区，占农林牧渔副业总产值30%—70%（副业占5%—20%）为半农半牧区①。

（2）农业部的标准

1978 年，国家统计局农业调查队，在调研的基础上界定：畜牧业产值（主要是草地畜牧业产值）占农业总产值的比重大于50%为牧业县，介于25%—50%之间为半农半牧县，小于25%为农业县。其次，半农半牧县还必须符合以下三个标准：一是草原畜牧业必须是该县传统产业和重要的经济活动；二是畜牧业劳动力和牧业人口占全部农业劳动力和农村人口比重要高于30%；三是草原面积占农业用地总面积比例高，所占面积一般要高于50%②。依据上述标准，农业部在20世纪80年代确定我国牧区旗县120个，半农半牧区旗县146个（见表1－1），共计266个旗县区，为我国牧区及半农半牧区的发展和建设，发挥了重要的指导作用。

表1－1　　　　　　　中国半农半牧县（旗、市）名单　　　　单位：个

省区	半农半牧县（旗、市）数	半农半牧区县（旗、市）名单
河北	6	张北、康保、沽源县、尚义、丰宁、围场
山西	1	右玉县
内蒙古	21	林西县、敖汉旗、扎兰屯市、阿荣旗、莫力达瓦达斡尔族自治旗、科尔沁右翼前旗、扎赉特旗、突泉县、通辽市科尔沁区、开鲁县、库伦旗、奈曼旗、准格尔旗、太仆寺旗、察哈尔右翼后旗、东胜区、伊金霍洛旗、乌拉特前旗、察哈尔右翼中旗、磴口县、达拉特旗
辽宁	6	阜新市、彰武县、康平县、北票市、建平县、喀喇沁左翼蒙古族自治县
吉林	9	前郭尔罗斯蒙古族自治县、镇赉县、大安市、长岭县、乾安县、双辽市、白城市辖区、扶余县、洮南县

① 赵松乔：《内蒙古自治区农牧业生产配置问题的初步研究》，科学出版社1958年版。

② 陈建华、魏百刚、苏大学：《农牧交错带可持续发展战略与对策》，化学工业出版社2004年版，第7页。

续表

省区	半农半牧县 （旗、市）数	半农半牧区县（旗、市）名单
黑龙江	8	泰来县、虎林市、肇州县、肇东市、林甸县、兰西县、明水县、同江市
四川	38	理塘县、马尔康县、金川、黑水、康定县、泸定县、丹巴县、革吉县、九龙县、雅江县、大奥浮县、炉霍县、甘孜县、新龙县、巴塘县、乡城县、稻城县、得荣县、西昌市、木里县、盐源县、德吉县、会东县、宁南县、普格县、昭觉县、布拖县、金阳县、喜德县、冕宁县、甘洛县、九寨沟、美姑县、汶川县、茂县、小金
西藏	24	林周县、类乌齐县、曲松县、康马县、谢通门县、日土县、昌都县、丁青县、措美县、亚东县、普兰县、索县、江达县、察雅县、错那县、岗巴县、扎达县、比如县、贡觉县、八宿县、浪卡子县、昂仁县、噶尔县、工布江达县
甘肃	12	卓尼县、华池县、漳县、民勤县、靖远县、永昌县、环县、迭部县、岷县、山丹县、永登县、安西县
青海	4	门源回族自治县、同仁县、尖扎县、贵德县
宁夏	2	同心县、海原县
新疆	15	乌鲁木齐市辖区、奇台县、阿克陶县、且末县、温宿县、哈密市、塔城市、和硕士、博乐市、沙雅县、巴里坤哈萨克自治县、额敏县、尉犁县、精河县、巩留县

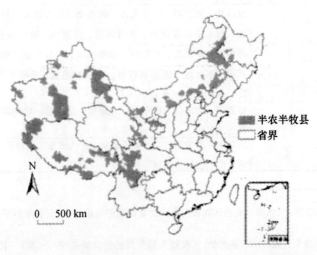

图1-2 根据农业调查队统计界定的全国半农半牧区分布

（3）侯向阳等人的最新标准

国家"十五"科技攻关项目"农业部天然草原保护建设科技项目"研究中，初步划分指标为草地与农用地面积比指数（草地面积与耕地面积加草地面积比）和畜牧业与农业产值比指数（畜牧业产值占农业总产值的比例）的基础上，再根据草食家畜指数（人均羊单位数）、牧业人口指数（畜牧业人口占农业人口比例）、环境和气候因素（年均降雨量、干燥度等因素）以及传统牧区的地理因素（水平和垂直分布状况与地理区的关系）等指标，做进一步调整后，最终确定了牧区县和半农半牧区县。根据这个标准确定我国有牧区县 111 个、半牧区县 168 个，共计 279 个县。①

（二）生态学标准

王静爱等（1999）确定半农半牧区生态学指标为：年平均降水量 250—500 毫米的半干旱地区是我国农业生产条件最为严酷、农业生产力最低的部分，跨越内蒙古、辽宁、河北、山西、陕西、甘肃、宁夏、青海 8 个省（区），包括 177 个县（旗）、4 个县级市、20 个市辖区，总面积约 69×10^4 平方公里。其中耕地占 26%，草地占 25%，林地占 15%，人均土地 1.28 公顷，农村人口近 2×10^7 人。按地貌组合类型，农牧交错带分为三段：三北交界区（东段）、晋陕甘黄土区（中段）和甘青宁黄土区（西段）。这一地带是我国北方的中、东部农区向西北牧区过渡的自然生态屏障与水源涵养地，北方主要江河大多发源于此。②

刘庆（1999）从生态脆弱性出发，将川西青藏高原东部划定为农牧交错带。他认为包括阿坝藏族自治州和甘孜自治州等面积约为 2.36×10^5 平方公里的 31 个县的年均降水量为 682.3 毫米，降水量最少的地区仅为 400—500 毫米，随海拔高度升高降水量增加，降水

---

① 侯向阳：《我国牧区县和半牧区县划分及发展方向研究》，《科技导报》2007 年第 9 期。

② 王静爱等：《中国北方农牧交错带土地利用与人口负荷研究》，《资源科学》1999 年第 5 期。

量最大地区在海拔 2900—3000 米处。①

史培军（2002）认为，北方农牧交错带是从半干旱区向干旱区过渡的地带，其主体部分从大兴安岭南部内蒙古呼伦贝尔开始，经由内蒙古东南部、冀北、晋北，直至内蒙古鄂尔多斯和陕北的带状地区是我国水土流失、沙漠化、草场退化最集中的典型的生态脆弱带。

（三）农业气候学标准

朱震达（1981）、吴传钧（1994）、李世奎（1998）、程序（1999）、赵哈林（2002）等人以年降水量为主要指标、大风日数为辅助指标界定农牧交错带（半农半牧区）。虽然各学者具体采用的降水量等值线有所不同，但基本上均将降雨量在 200 毫米等值线和 600 毫米等值线之间的区域认定为半农半牧区。

本书中的半农半牧区是一个特定的概念，它与特定的自然条件和地理环境、特定的历史和文化相联系。因此，半农半牧区应该分为狭义的半农半牧区和广义的半农半牧区。狭义的半农半牧区是指农牧交错带的半农半牧区。广义上的半农半牧区是指整个农牧交错带，其中包括农区、牧区和半农半牧区。

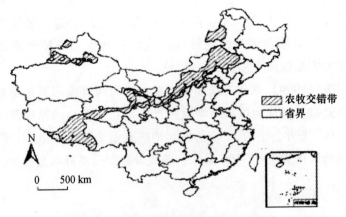

图1-3　根据降雨量界定的农牧交错带

---

① 刘庆：《青藏高原东部（川西）生态脆弱带恢复与重建研究进展》，《资源科学》1999 年第 5 期。

本书中的半农半牧区是狭义的半农半牧区，是依据经济学标准，即以农业部农业统计数据来划分的。严格意义上说，这种划分标准尚存不足，因为该标准的最小划分单位是旗县，而很多半农半牧旗县下设的苏木①（或乡镇）按其农牧业产值比重来看，实际上属于农区。例如，按国家的经济学标准划分，赤峰市敖汉旗被确定为半农半牧旗，但是敖汉旗下的一些乡镇的畜牧业产值比重基本达不到半农半牧区的标准，应属于农区。内蒙古库伦旗和奈曼旗均为半农半牧旗，而其下设的部分苏木，不仅畜牧业产值明显高于农业产值，并且生产、生活仍然保持着典型的牧区特点。与其相反，按国家农牧业划分标准来归类，科尔沁左翼后旗被划分为牧业旗，但其大部分乡镇的畜牧业产值比重根本达不到畜牧业旗县标准，并且基本失去了牧区生产生活的特点。笔者认为，随着现代信息和技术手段的不断进步，对农区、半农半牧区和牧区的划分应该更加细化。例如，半农半牧区的基本组织单位细化到苏木一级行政范围内。这样才能更全面、更真实地掌握半农半牧区的发展现状和存在的问题，以提出更合理、更有效的对策措施。因此，对半农半牧区的划分标准有待于进一步的研究和探索。

二　农牧交错带

研究半农半牧区的发展问题，必须界定与农牧交错带之间的关系。半农半牧区是我国农牧交错带中的经济类型或者土地利用形式之一，范围比农牧交错带小，而农牧交错带是包括半农半牧区在内的农业和牧业结合经营的地区。我国农牧交错带按其自然气候和农业特点可分为南方农牧交错带和北方农牧交错带。南方农牧交错带位于青藏高原、云贵高原和四川盆地湿度过渡带。其气候变化没有很明显的落差，因此其影响作用和研究价值没有北方农牧交错带那么突出。北方农牧交错带地处干旱半干旱地区，介于耕地和草地的交错、农业与牧业结合的地带。其区域内的景观复杂，北起有草林

---

① 苏木是蒙古语，是内蒙古自治区的行政区划单位。它是县以下一级政权，相当于"乡"。

交叉的大兴安岭西麓，经过河北省西北部的坝上草原带，再往南经过阴山山脉内蒙古段，再通过陕晋蒙交界区，经过黄土高原北部，一直到甘肃南部地区，总共跨过 8 个省和自治区。其最明显的特点是生态的脆弱性、自然要素的过渡性和自然景观的复杂多样性。正因为这样特别的气候特征和特殊的地理位置，它成为我国防沙、治沙、固沙的重要屏障，从而也成为国家区域发展规划和生态安全工程的重点部分。

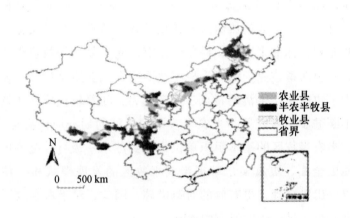

图 1-4　根据统计资料界定的农牧交错带

三　经济发展模式

　　模式分析在社会各领域中普遍存在。模式是指对事物及其运动方式进行理论概括的一种思维方法，它是人类思维的一个典型特征。模式的本质就是忽略所阐述事物的次要特征，把本质特征归纳出来的一种思维方法。在政治学中讲的总统制和内阁制就是不同的两种政治体制模式。在现代经济学中运用模式分析方法研究经济问题已成为普遍现象。第二次世界大战后，经济学家在发展经济学中运用发展模式分析了发展中国家的经济到底如何发展的问题。例如，罗格纳·纳克斯（Ragnar Nurkse）提出了初级产品出口模式、工业制造消费品出口模式和国内市场扩张模式等三种发展模式供发展中国家选择①。而在发展中国家的经济建设和发展过程中，由世界银行提出的东亚模式是最具典型的案例之一。除此之外，在区域经济学、产业经济学等学科中均有模式分析。例如，中国模式、温州模式、内蒙古模式、鄂尔多斯模式等。

模式与西方经济学中常用的模型，既有联系也有区别。单从词义上看，模式与模型没有明显的区别，都是一种分析和研究方法。但在目前的经济学理论中，模式按其不同于模型的内涵使用时，能看出两者的区别。模型是通过数理方法建立，所以它往往是以纯理论的形式存在。而模式则首先是一个社会的存在，是对应某种具体社会的存在。其表达方式既可以用数理语言表达，也可以用文字逻辑表达。模式的表达是借助多个系统（例如自然、经济、社会、习惯、心理等）的综合分析，而模型分析法却很难做到这一点。

经济发展模式是指在一定地区、一定历史条件下形成的独具特色的经济发展道路（费孝通，1998）。它主要包括所有制形式、产业结构和经济发展思路、分配方式等。经济发展模式的本质特征是形成于一定历史条件下，不断发展变化的具有鲜明特点的经济发展方式。在生产技术一定的条件下，经济发展模式的实现最终将受到国家和地区的可供利用资源的约束。资源禀赋、人口因素、历史文化传统和区域互动性等 8 个因素共同影响农村经济发展模式的选择（张敦福，2002）。

林坚（1987）认为，农村经济发展模式作为一个理论范畴，是对农村经济发展过程中所形成的具有某种鲜明特征和相对稳定性和区域代表性的经济关系和经济运行机制的理论概括。而长期的历史运动和社会经济发展的不平衡决定了这些经济关系和经济运行机制必然表现出各具特色的多种形态②。于战平（2006）认为农村发展模式主要有城乡统筹、协调、互动建设新农村模式；传统村庄改造

① 程启智、汪剑平、李华：《省域经济发展模式分析：概念与类型》，《当代经济》2009 年第 12 期。

② 林坚：《试论中国农村经济发展模式的研究》，《经济研究》1987 年第 8 期。

带动新农村建设模式；内生性产业提升带动新农村建设模式；完善区域公共产品和公共服务带动新农村建设模式四种模式。

有关半农半牧区的研究很多，但更多的是从自然科学的理论和方法研究该地域的自然环境特点、社会经济发展及其未来发展趋势等问题研究，而综合运用人文社会科学的研究方法，多视角进行的研究较少。有关半农半牧区经济发展模式的探索是我国社会、经济、生态经济一体化发展目标下，具有重大意义的研究课题。

第三节　理论基础

任何研究都以相关的理论作其研究的支撑或基础。本书对半农半牧区的经济问题及其发展模式的探索与研究，所借助的主要理论支撑是马克思主义政治经济学理论、发展经济学理论、产业经济学理论和制度经济学理论等。

一　政治经济学理论

马克思主义政治经济学是运用辩证唯物法和历史唯物主义的方法研究社会主义经济运动，把社会经济形态的变化和发展看作客观的、必然的历史过程，并主要用生产力发展标准来评价社会经济制度（生产关系）的优劣。历史上存在过的社会经济形态都是遵循客观经济规律发生、发展并为更高级的社会经济形态所代替的。本书主要运用马克思主义政治经济学的研究方法，探究了半农半牧区社会经济活动和社会经济关系（生产关系）及其发展规律。其中，具体运用历史唯物法、唯物辩证法、规范分析法以及定性分析与定量分析相结合等方法较系统地研究了半农半牧区的生产力发展问题和生产关系的调整问题，即半农半牧区新型经济发展模式的构建问题。

二　发展经济学理论

本书借鉴了发展经济学理论中的刘易斯农村发展理论、舒尔茨传统农业改造理论和托达罗农村发展理论等。

（一）刘易斯的农村经济发展理论

发展经济学理论奠基人之一的刘易斯认为，在经济全球化发展过程中，发展中国家的农业和农村发展问题只能通过农业剩余劳动力的转移来实现。刘易斯将发展中国家的国民经济分为现代工业部门和传统农业部门，在传统农业部门中，因土地的有限性和劳动力相对剩余的现象较普遍，其边际生产率可以低至零。只有将农村剩余劳动力全部转移到城市现代工业部门，才能做到一方面促进工业部门的发展，另一方面提高农业劳动生产率，促进农村发展，城乡或工农二元经济结构才能转变为现代一元结构。[①] 半农半牧区经济发展速度缓慢、农牧民生活水平低下等问题的深层次原因是由我国二元经济结构的宏观环境因素决定的。

（二）舒尔茨的传统农业改造理论

按传统农业改造理论的代表人物美国经济学家西奥多·舒尔茨（Theodore W. Schultz）的观点，传统农业发展缓慢、生产效率低下的根本原因在于农民对农业的追加投资的回报率过低，而不是因农民缺乏经营头脑和储蓄观念。这样的价值观念自然导致储蓄率和投资率的低下。舒尔茨认为，解决农村生产效率低下问题的关键是改造传统农业，引进现代农业生产要素（例如人力资本的投资、技术的引进、政府对农村基础设施的建设和改造等等）来提高农民追加投资的收益率。而现代生产要素主要表现为农业技术、人力资本和市场制度。[②] 对于半农半牧区的经济社会发展来说，农业技术的改造、人力资本的投入以及各种制度的构建和改造尤为重要。

（三）托达罗的农村发展理论

美国经济学家迈克尔·托达罗（Michael P. Todaro）认为，促使劳动力流动的决定性因素不是实际收入的高低，而是预期收入的高低。预期收入是现实工资水平和就业概率的乘积。因为一般劳动力

---

① 刘易斯：《劳动无限供给条件下的经济发展》，载《现代国外经济学论文选》，商务印书馆 1979 年版。

② 西奥多·舒尔茨：《改造传统农业》，商务印书馆 1987 年版。

向城市流动之前，很难预先估计未来的收入情况，一旦找不到工作，会失去原来的低收入工作。就算能找到工作也必须是预期收入要大于原来的工资收入，否则劳动力流动就没有价值，这一理论的分析前提当然是假定其他因素是既定的。因此，他认为，打破发展中国家的二元经济结构，不能只靠城市工业发展规模的不断扩大，而要从农村发展战略的改变上寻找出路，通过加大政府用于农村发展上的财政支出促进农村经济发展。这样才能避免农村劳动力盲目流动而形成的城市就业压力。① 依据托达罗的发展理论，半农半牧区作为欠发达地区，其发展的根本出路应该在于如何选择适合的发展道路，如何调整发展战略问题，即如何构建适合本地区经济社会发展的新型模式问题。

三 生态经济学理论

生态经济学是结合经济学和生态学而形成的一门交叉学科。20世纪 60 年代，美国经济学家肯尼斯·鲍尔丁（Kenneth E. Boulding）在其《宇宙飞船经济观》一文中最早提出了"生态经济学"概念。80 年代，在我国产生了结合中国实际的生态经济学理论。生态经济学是研究社会再生产过程中经济系统与生态系统之间物质循环、能量转化、信息交流和价值增值的经济学。② 具体来讲，生态经济学主要研究生态和经济两大系统之间互相作用而成的复合系统以及两者间互相作用过程中产生的各种问题，摸索经济发展规律，探寻社会经济发展和生态环境发展两者间的互相促进模式、保持平衡的对策及途径。更重要的是生态经济学相关研究成果可以解决严重危及和制约人类生存发展的环境资源问题，为政府提供正确的经济社会发展战略及政策依据。

在半农半牧区的生态经济复合系统中，存在着农业生态系统和牧业经济系统之间的物质、能量和价值的循环和交换现象。本书运用生态经济学的核心理论即生态经济协调发展理论，依据我国生态

---

① 迈克尔·托达罗：《第三世界的经济发展》，中国人民大学出版社 1991 年版。
② 滕藤：《生态经济与相关范畴》，《生态经济》2002 年第 12 期。

经济发展战略和政策，探索了半农半牧区生态经济发展模式的构建问题。

四 产业经济学理论

产业经济学作为应用经济学领域的重要分支，主要研究资源在各个产业之间以及产业内部的配置问题，基本理论包括产业组织理论、产业发展理论、产业布局理论、产业关联理论和产业政策理论等。半农半牧区的经济发展问题主要是各产业之间，尤其是种植业和畜牧业两大支柱产业之间的协调发展问题。本书在半农半牧区调整问题、经济发展模式特征分析上，运用了产业经济学的相关理论。

五 制度经济学理论

制度经济学是以制度为研究对象的经济学的一门分支学科。制度经济学家诺思认为："制度提供了人类互相影响的框架，它们建立了构成一个社会，或更确切地说是一种经济秩序的合作与竞争关系……制度是一系列被制定出来的规则、守法程序和行为的道德伦理规范，它旨在约束追求主体福利或效用最大化利益的个人行为。"[①] 根据诺思对制度的定义，制度经济学主要是研究制约人们经济行为的制度如何影响人们的经济行为和地区经济发展。同时，研究制度如何受经济发展程度制约。本书在半农半牧区的形成与发展和构建什么样的发展模式等问题分析上均运用了制度经济学相关理论，得出的结论中也强调在地区经济发展中政府到底做什么及如何做的问题。半农半牧区的经济发展有什么规律可循？受到哪些制度的影响？这些问题有必要从制度层面进行分析。

第四节 文献综述

一 农牧关系研究

半农半牧区经济发展的实质就是农业和牧业的关系问题。半农

---

① 道格拉斯·C. 诺思：《经济史中的结构与变迁》，上海人民出版社1994年版。

半牧区经济研究就是以农业和牧业所占的比重来确定，并研究半农半牧区的形成、变迁和发展规律。

有关农牧关系的研究成果较多。20 世纪初，埃·亨廷顿（Huntington）在《亚洲的脉搏》一书中，第一次从生态学的角度对内蒙古社会的农牧关系和农牧矛盾进行了系统的论述。拉铁摩尔在《边疆史研究系列：1928—1958 年论文集》中，从历史学的角度，揭示了游牧业对农业的依赖关系，从而涉及半农半牧经济的研究。帕斯特克与沙里夫在《牧牛者与种植者：内蒙古的人》中，以呼伦贝尔为例分析了 1949 年以后的农业渗透与汉蒙融合的社会过程。楚昔·辛古奴黑在《鄂尔多斯地区蒙古社会的研究》中分析了农牧关系问题。大卫·辛尼斯（David Sinise）《研究现代内蒙古草原游牧业的变化与国家权力渗入问题》时研究了农牧业经济关系。

国内学者中，闫天灵在《汉族移民与内蒙古社会文化变迁》一书中，对清末时期，内地汉人大量移民到蒙古地区，打破单一的蒙古游牧社会格局，促成蒙汉杂居、旗县并立、农牧双兴的多元化社会的历史变迁做了论述。文中还对移民过程中的蒙汉关系，移民社会的生产方式、土地所有制、生活方式、风俗习惯以及生态环境变迁与开垦之间的关系等问题做了全面的考察，并提出农耕作为游牧的辅助生产类型，其存在是双赢的观点[1]。

贺扬灵在《察绥蒙民经济的解剖》中，从历史学的角度介绍和描述了绥远和察哈尔地区的农牧业状态与农牧民的生活变化以及农牧民关系。上海复旦大学的王建革在《农牧生态与传统蒙古社会》一书中，详细介绍了清末内蒙古地区农牧业生产状况和社会结构。黄健英在《北方农牧交错带变迁对蒙古族经济文化类型的影响》一书中，结合历史和现实、经济、社会和文化，从多个视角研究了北方农牧交错带的历史变迁对蒙古族经济文化类型多元化发展的重要影响。徐冉在《清代鄂尔多斯农牧关系的历史过程考察》中，以鄂

---

① 闫天灵：《汉族移民与内蒙古社会文化变迁》，民族出版社 2004 年版。

尔多斯为例，从历史地理的角度对农牧关系的形成和变迁的原因方面，做了翔实的历史考察。易华在《游牧与农耕民族关系研究》中，从民族政治的角度，对游牧民族的起源、归宿及其与农耕民族的关系做了系统的论述。

二　半农半牧区研究

（一）国外半农半牧区研究

在国外文献中，很少有"半农半牧区"这一概念。但在国外不少国家有干旱半干旱地区，例如在美国的中西部、苏联的东部地区以及澳大利亚中部地区也存在半农半牧现象。因此在国外只有围绕干旱半干旱地区发展方面的研究，而没有半农半牧区或农牧交错带的概念。对干旱半干旱地区发展问题的研究有：L. N. Gachimbi 等人（2002）研究肯尼亚干旱地区农用技术的推广问题，提出了干旱地区如何发展农用技术的政策建议。Ye Woyessa 等人（2003）从农学的角度分析了南非中部的半干旱地区，引入一种旱作方法之后，其产量提高30%—50%的成功经验，表明利用雨水可以为当前与恶劣环境进行顽强斗争的干旱地区广大农民提供发展出路。Jin F. Wang 等人（2007）分析干旱半干旱地区的水资源优化问题，认为水资源是该地区发展的根本制约，并建立了水资源供给既定条件下，满足每个地区的水资源需求的动态模型。

（二）国内半农半牧区研究

在国内，有关半农半牧区的研究，从地理学、历史学、植物学以及生态学的角度进行研究的多，运用经济学理论，综合分析和研究的成果较少。

（1）半农半牧区概念及特征的研究

赵松乔（1953）在其《察北、察盟及锡盟：一个农牧过渡地区的经济地理调查》一文中，分析内蒙古的察北、察盟和锡林郭勒盟等地区的生产生活情况，将半农半牧区定义为由外长城到集约农业区为止的地区，是一条由南向北的粗放型农业区—定牧区—定牧和游牧过渡区—游牧区的顺序，年降水量仅有400毫米上下的自然条件和农牧业生产的过渡带，也是蒙古人和汉人交错居住的地区。[①] 他对这一地区的农牧业生产方式及自然地理条件等做了细致的调研，从此揭开了我国半农半牧经济带研究的序幕，为后人研究提供了翔实的基础性资料。

20 世纪 50 年代，经赵松乔、周立三和吴传钧等学者的进一步研究，学界对半农半牧区的概念和特征有了共识。归纳这一时期的半农半牧区的研究，其主要特点是自然条件对农牧业生产的影响和农牧业发展历史的研究较多。其中，赵松乔提出了富有创建性的观点，认为应以农牧业产值为划分农牧业关系的标准。

20 世纪 60 年代至 70 年代，由于"文化大革命"的干扰，该领域的研究进入了几乎停滞的状态。值得一提的是，这时候中国科学院地理研究所的邓静中等学者，在学习苏联相关领域的研究基础上，搜集整理了大量的数据资料，编译了《中国农业区划方法论研究》（1960）一书。除此之外，周立三的《论省级农业区划的几个问题》（1963）和《试论农业区域形成演变、内部结构及其区划体系》（1964），为国家编制农业规划提供了科学依据。

从 20 世纪 80 年代开始，随着我国的改革开放和政府对农业发展的重视，学界对于该领域的研究也得到进一步的深入。这时期的研究特点主要是从定性研究转向定量研究。例如，对半农半牧区的定义概括为，是以农牧业相结合为生产结构特点，并且农牧业以插花式分布，既有农业生产的特点，也有牧业生产的特点（李世奎，1988）。刘家兴在《认清半农半牧区的经济特点，摸索畜牧基地建设途径》一文中，对半农半牧区的概念和经济特点进行了较系统的分析。张林源等（1994）从地理学、气候学的角度，将半农半牧区界定为"北方季风边缘半农半牧类型"区。潘玉君（1995）等从人文历史学的角度，将半农半牧区解释为农耕文化和游牧文化的碰撞地带。史德宽（1999）从地理学的角度指出，半农半牧区是旱区和湿润区的过渡地带，也是由高原向平原和盆地的过渡地带。

---

① 赵松乔：《察北、察盟及锡盟：一个农牧过渡地区的经济地理调查》，《地理学报》1953 年第 1 期。

从 20 世纪 90 年代开始，随着世界范围内的生态环境的恶化引起对生态环境保护的呼吁不断上升，半农半牧区的研究也从单纯的经济社会问题层面的研究转向生态层面的研究。很多学者提出了环境整治战略（罗承平和薛渝，1993；张强等，1993；赵学，1994）。从此人们对半农半牧地带的实质的认识发生了根本性变化，认为半农半牧区是生态交错带，是种植业和畜牧业或种养两种生态系统的耦合带。广义上的农牧交错带是指以草地和农田大面积连续交错出现为典型景观特征的自然群落与人工群落相互镶嵌的生态复合体。

（2）半农半牧经济和半农半牧区形成原因研究

在几千年漫长的历史进程中，我国半农半牧区的形成，一方面受自然因素的制约，另一方面是因人类在控制大自然的能力上的差别。历史上形成的半农半牧区既是客观存在的，也是随着生产力不断发生变化的（裴晓菲，1999）。年降水量少、降水变率大是半农半牧区形成的前提条件。多民族杂居是半农半牧区形成的社会原因。历史上，农牧结合的半农半牧区基本都是我国少数民族聚居区，地域广阔、人口稀少。但是从明清以来，随着汉族移民的不断增加，人口剧增，形成了农牧交错的地带。因此，半农半牧区的蒙古族、藏族、哈萨克族等主要经营牧业，兼营其他行业，汉族、回族和维吾尔族等主要经营农业，兼营牧业。在半农半牧区的历史过程中，往往因农牧没能很好地结合而产生农牧矛盾问题，而农牧矛盾往往表现为民族矛盾。因而民族性是半农半牧区的重要特征之一。

王建革在《农牧生态与传统蒙古社会》中，用一章的篇幅从经济史的视角系统地论述了清末内蒙古地区半农半牧区的产生以及该地区农牧业生产状况和社会结构等问题。王玉海在《发展与改革——清代内蒙古东部由牧向农的转型》中，从历史变迁的视角研究了内蒙古东部地区半农半牧经济的形成过程。李三谋从考古学的视角，研究了近代半农半牧经济的形成过程。乌日陶克套胡（2006）在《蒙古族游牧经济及其变迁》中，研究蒙古族游牧经济的历史变迁时，以比较的方式分析了半农半牧地区的生产关系问题。

（3）半农半牧区的经济社会发展现状与对策研究

徐受琛（1984）以吉林省白城为例，研究了半农半牧区的发展出路。刘进宝和王明吉（1997）从河北省张北县的农牧民收入提高途径的角度研究了半农半牧区的经济发展问题。张立峰等（1999）在分析我国北方高寒半干旱地区面临的生态恶化、粮草短缺和经济贫困等三大问题的基础上，提出了追加农业生产投入、调整产业结构等技术措施。中国农业大学高旺盛教授认为，将农业技术列入国家遏止和防止半农半牧区的沙化退化工程之一，从而从技术层面上研究了半农半牧区经济社会的发展问题。那仁满都拉、白音从经济、社会和自然协调发展的立场，研究如何解决半农半牧经济的内部矛盾，提出了"五大建设"思路。杨振海、张智山、杨智（2000）等人以黑龙江大庆市为例，研究了在制度层面上如何保护半农半牧区经济生态协调发展的问题。徐斌等（2000）总结出我国半农半牧区存在的主要问题为贫困、人口增长过快、教育落后、牲畜超载严重和经济结构单一，并提出加强基础设施建设，加强教育，推广节水灌溉技术和药用植物资源以及可持续发展战略等对策。吴全忠（2004）在新的"农业生态系统生产力"概念的基础上，探讨在干旱、半干旱地区农业生态系统生产力的开发途径。王萨日娜（2004）从地理学的角度分析了内蒙古半农半牧区荒漠化问题及其影响因素，并提出了该地区发展对策建议。宋乃平（2007）从土地利用效率的视角，对半农半牧经济类型做了综合评价。付桂军在课题项目"内蒙古半农半牧区建设社会主义新农村新牧区面临的问题和对策研究"中，从生态经济学和制度经济学的视角，对内蒙古半农半牧经济的发展现状、发展滞后原因做了较全面的剖析并提出了可持续发展和生态经济模式及对策建议。霍晓伟（2007）从畜产品生产组织形式的角度分析研究半农半牧经济的发展出路问题。佟拉嘎（2009）以扎赉特旗为例研究了内蒙古半农半牧区的畜牧业经济的发展战略。张立峰（2003）从生态恢复与经济发展的相悖关系出发，研究了华北半农半牧区生态—经济协调互依发展的障碍和途径。杜雄利用农业技术和农牧业耦合论评价半农半牧区农牧结合的优势和效率，探讨了农牧业可持续发展的机理和运行机制。

（三）对半农半牧区研究的评介

通过文献梳理发现，有关半农半牧区和农牧关系研究，学者们从各自立场和专业的角度，做了很多研究。其共同特点是从某一个学科领域和某一个视角，研究了半农半牧区问题。其中综合运用经济学理论，研究半农半牧区经济发展问题的成果较少见，对半农半牧区经济发展模式的研究更不多见。

（1）学科间的交叉研究较少

目前地理学、环境学、生态学、经济学和社会学等学科的专家和学者均从各自学科和专业，对半农半牧区进行研究的较多，而将自然科学和社会科学交叉，对半农半牧区进行研究的成果少见。实际上半农半牧区是一个生态环境到社会环境、历史文化到风俗习惯均为错综复杂的多民族文化交融区。要对这些地区进行深入研究，有必要实施学科交叉研究。从其自然条件、历史文化、经济活动以及心理特征等各方面的问题，从多学科多视角综合交叉起来研究，才能完整地认识半农半牧区，更深刻地了解半农半牧区，才能把握其经济社会发展的规律和特点，才能为半农半牧区生态、经济和社会协调发展提供理论依据。

（2）综合型方法研究欠缺

综合运用多尺度和多个角度、多种方法，研究半农半牧区会更清楚、更全面地掌握半农半牧区的生态环境、社会环境和经济环境的形成、发展和变迁的特征和规律。从已有的研究成果来看，各个学科运用各自的研究方法和测量方法，学科间的合作和交叉很少。尤其是社会科学和自然科学间合作或联合更少。对半农半牧区的范围或概念的确定，各学科均有自己的确定标准：生态学的指标体系、经济学的指标体系、地理学的指标体系等等。如果将自然科学的现代工具和经济学的分析方法紧密结合，有可能得出更为精准的、更为有趣的定义。但目前，由于受到获得研究对象的各种数据资料的限制，有关农牧交错带的纵向和横向结合的多尺度比较研究有待于深入展开。

（3）有关农牧交错带发展模式的研究少

自古以来，农牧交错带基本就靠粗放的生产经营维持经济和社会的发展，从而其发展远远落后于其他地区。直至20世纪末，随着农牧交错带和牧业区的生态环境的严重恶化，国家出台了一系列有关保护生态环境的政策。而农牧交错带的传统的生产方式即粗放型生产方式不能适应国家政策和经济社会发展的需求。因此，作为一个敏感、脆弱、特殊和资源较为丰富的农牧交错带应如何选择自己的发展道路和发展模式，显得尤为重要，是值得深入研究的重要课题。让农牧交错带的农牧民，不依赖国家的直接救济，而是靠自己的努力开发新的发展道路和发展模式来保护生态环境的同时，依靠区域特有的资源特点和优势，来促进区域发展。

（4）有关发展农牧交错带循环经济研究有待进一步扩大和加深拓展

本世纪初以来，国家以恢复和保护生态环境项目的形式，对农牧交错带的农牧民，给予生产和生活上的补偿。例如，在实施"退耕还林还草"项目过程中，拨给农牧民的补偿金，能保证农牧民基本的生活生产需求，从而保证项目的顺利进行。然而一旦补偿期结束或补偿金的发放不及时，应得补偿的农牧民会再过度放牧或过度开垦，严重影响生态环境恢复。那么，如何建立有效保护和恢复农牧交错带生态环境的长效机制是亟待解决的研究课题。如何让当地居民从被动到主动去保护和防治生态环境是值得研究的问题。而发展循环经济便是农牧交错带保护生态环境的一种长效机制。但是，学者们围绕发展农牧交错带的循环经济方面的系统研究较少见。

三 农村发展模式研究

国内外有关地区经济发展模式方面的研究还是比较系统和完善的。其中，具有代表性的研究理论有以下几种。

（一）"以工推农"模式

刘易斯、拉尼斯、费景汉、罗森斯坦—罗丹等人特别强调工业对农村经济发展的推动作用。在 20 世纪 50 年代，阿瑟·刘易斯的二元经济理论为代表的工业推动农业发展的经济发展模式最为盛行。该理论以城市充分就业、农村存在剩余劳动力、资本有机构成和工资均不变为假设条件，提出落后国家的经济通常是由现代工业部门和传统农业部门组成的二元经济结构，农村经济得到发展必须"通过向工业部门输送剩余劳动力来实现"①。拉尼斯和费景汉在修正刘易斯的二元经济理论的基础上提出了解决二元经济问题的经典模型。他们认为，二元经济结构存在的重要标志就是存在大量的农业剩余劳动力。因此，必须做到农业剩余劳动力转移速度要快于农业人口增长速度，最终达到"工农业两个部门平衡增长"②。而被世界公认的发展经济学创始人张培刚先生则主张落后农业国要走工业化道路，要实现剩余劳动力的转移，就必须走工业化道路，依靠工业发展为农业提供技术上的支持，还要深化改革土地制度③，以此来达到工业发展对农村发展的刺激作用。

（二）"以城带农"的发展模式

美国著名经济学家霍利斯·钱纳里在对世界 100 个国家的相关经济发展数据做时间序列分析的基础上，得出城市化与经济发展之间存在显著的正相关关系④。他提出随着国民经济不断发展，首先，第一产业的劳动力不断减少，而在第二产业就业的劳动力的数量则会逐渐增多；其次，第一、二产业的劳动力均向第三产业转移，从而会引起第三产业劳动力比重的快速上升；最后达到最高。而农村人口正是通过这样的方式，实现向城市的转移，以促进农村经济社会的快速发展。他认为，城市化之所以促进农村经济发展是因为城市具有"集聚""溢出"等效应。首先，城市通过其集聚效应实现

① 阿瑟·刘易斯：《二元经济论》，北京经济学院出版社 1989 年版，第 48—76 页。

② G. 拉尼斯、费景汉：《劳动剩余经济的发展》，王月等译，华夏出版社 1989 年版。

③ 张培刚：《农业与工业化》（上卷），曾启贤等译，华中科技大学出版社 2003 年版，第 123—124 页。

④ H. 钱纳里等：《结构变化与发展政策》，朱东海等译，经济科学出版社 1991 年版，第 41—42 页。

农村的转变，同时，也为农村发展提供更优质的公共设施条件和更完善的社会服务配套体系。其次，城市化过程为农村发展提供庞大的商品市场和劳动力市场。因为城市人口相对集中，数量相对较多，因而需求量也自然大。不断增多的城市人口，通过拉动农畜产品消费，促动农产品生产规模的扩大，最终提高农民收入。反过来，随着大量农村劳动力向城市转移，带来城市劳动力市场需求的升温，解决了农村社会劳动力剩余的难题，促成城市和农村经济的良性互动。最后，由于城市化过程中，人口的流动，知识、技术、信息等资源快速向城市周边和农村扩散，带动农村人力资源素质的提高，实现农村和农民的生产生活方式的转变。

在国内，有关城市化的理论和实践研究更多的是围绕为什么要城市化、如何城市化等问题来展开的。有关如何城市化的主线问题有两种不同的观点：以樊钢、王小鲁为主的学者们认为，城市化的主线一定要搞大城市。因为大城市的经济发展辐射力强，能带动农村发展；而以温铁军为主的学者们则主张走小城市化即城镇化道路，主张农村剩余劳动力主要向小城镇及其乡镇企业转移。主要依据是农民进入小城镇要比进入大城市的成本低，容易实现农村劳动力的转移。除了以上两种主要观点外，也有一些学者持有中等城市论和大中小城市并举论。

（三）"以技促农"的发展模式

以美国的舒尔茨和日本的速水佑次郎为代表的、主张以技术推动农村和农业发展的学者们认为，要实现农业现代化首先要实现农业技术的现代化。农业技术是农业现代化的核心。因此，所谓的农业现代化就是运用农业现代技术，实现农业经营方式的转变，从而使传统的农业向现代农业转变。美国经济学家西奥多·舒尔茨在《改造传统农业》中提出，虽然传统农业的劳动者作为理性"经济人"对其投入产出经济行为具有充分的把握，能作出理性的思考，但是因"传统农业的技术状况或生产要素供给和需求长期不变，农民对原有生产要素增加投资的收益率低，导致对储蓄和投资的吸引力降低，以致传统农业长期停滞"①。而改造传统农业的关键问题就是引进现代农业技术问题。通过引进现代农业技术来提高农民的收益率。

日本经济学家速水佑次郎认为，农业技术改造是促进农业经济发展的重要因素，在一个国家经济发展的任何阶段，农业的发展均要依赖资源、文化、技术和制度的相互作用，而人们对资源禀赋的变化持有动态反应。一个国家工业化起步越晚越有后发优势。因为其他国家和地区实现工业化过程中所积累的经验、教训和成熟的技术，可以供其利用和借鉴。而发展中国家能走捷径，就是通过学习和直接引进的办法，利用发达国家的科学技术，节约本国的生产成本，提高产品生产利润，拉动行业和产业发展。而农业发展和农村发展过程中技术也起到了关键的作用②。

在国内，白志礼、李明贤、苏丽云等学者从不同的视角，围绕农业科技对经济发展的作用进行了研究。白志礼（2000）针对西部农业可持续发展问题，提出了农业科技创新是推动农业的可持续发展的关键因素，并指出农业科技创新的重点领域和构建农业科技创新体系的具体措施③。李明贤（2000）认为技术进步是促进农业增长方式转变的决定性因素，并分析了技术进步促进农业增长方式转变的渗透机理及其对农业增长方式转变的促进作用④。白硕（2004）、苏丽云（2006）等学者提出农业科技进步是农民收入持续提高的根本出路的观点。2012年，中共中央国务院发布一号文件，突出了农业科技创新的重要性。

（四）以制度创新推动农村发展模式

各种政策、生产组织模式和技术管理方式均属于制度因素范围。

---

① W. 舒尔茨：《改造传统农业》，商务印书馆 1987 年版，第 143—144 页。

② 速水佑次郎：《农业发展的国际分析》，郭熙保等译，中国社会科学出版社 2000 年版，第 499 页。

③ 白志礼：《农业科技与西部农业可持续发展战略》，《中国农业科技导报》2000 年第 4 期。

④ 李明贤：《论技术进步促进农业增长方式的机理》，《湖北农业大学学报》2000 年第 3 期。

而这些制度的创新能解放和促动生产力。技术能推动农村经济发展，而制度决定技术的研发和运用。因此，制度创新在农村和农业发展中起着重要的作用。很多学者也认为制度创新是农村经济发展的根本前提。美国经济学家托达罗认为，"仅仅依靠城市工业化扩张不能完全解决发展中国家的城乡发展和城市失业问题"[①]。要从根本上解决农村和农业发展，政府必须打破二元经济结构，创新农业制度和农业发展政策，改善农村生产条件，增加农民收入。

在国内，林毅夫、温铁军等学者，强调制度创新在农业和农村发展中的重要性，提出农村发展的根本出路在于制度创新。林毅夫以日本和美国的农业发展为例，分析指出技术及技术创新通过劳动力替代和土地替代机理对农业发展过程起着重要的作用，但是制度创新才是农业发展的根本动力。因为技术创新本身要取决于制度安排[②]。温铁军在《三农问题与制度变迁》一书中，围绕中国的农业、农村和农民等"三农"问题，在进行实证分析的基础上，提出通过财政制度、金融制度和税费制度的改革，解决"三农"问题的观点。中国社会科学院的陆学艺，提出通过户籍制度和人事劳动制度的改革，实现"农村剩余劳动力的有效转移"，促进农村土地流转，推动农业集约化发展和城镇化进程的观点[③]。持有制度创新观点的学者们普遍认为，对于农村发展来说必须充分发挥市场经济的基础性调节作用。同时，政府的主导作用和地位也不能忽视。

有关农村发展模式研究的共同特点是相对于城市而言的农村发展，缺乏专门针对半农半牧区的民族社会意义上的研究。

---

① 托达罗：《第三世界的经济发展》，中国人民大学出版社 1991 年版，第 314—316 页。
② 林毅夫：《制度、技术与中国农业发展》，上海人民出版社 2008 年版。
③ 陆学艺：《三农新论：当代中国农业、农村与农民问题研究》，社会科学文献出版社 2005 年版。

第五节　研究方法、创新之处
和不足之处

一　研究方法

本书借助国内外相关研究文献资料，界定研究半农半牧区定义以及研究范围，运用政治经济学、制度经济学、发展经济学和产业经济学基本理论和研究方法，从半农半牧区的重要地位和特征入手，基于内蒙古 21 个半农半牧县（旗、市）的宏观经济数据分析和半农半牧区旗县个案分析相结合，探析内蒙古半农半牧区发展现状、存在的主要问题及原因，借鉴国内外生态问题治理典型案例和农牧业结合经营成功经验，探讨半农半牧区传统经济发展模式的利弊，在全面挖掘内蒙古半农半牧区资源优势、区位优势、文化优势的基础上，找到适合内蒙古半农半牧区特点的经济发展模式。

本书的研究技术路线图如下：

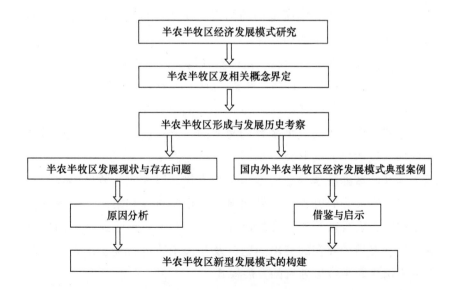

图 1-5　本书研究技术路线

（1）历史文献查阅方法。书中有关半农半牧区形成和发展的历史沿革研究需要翻阅大量的历史文献资料来完成。本书翻阅了蒙文、汉文、日文三种文字的历史文献资料。

（2）实地调查研究方法。深入到半农半牧典型区做访谈、问卷调查和查阅档案等，了解半农半牧区的经济发展历史、现状和存在的突出问题与矛盾。

（3）适度抽象方法。抽象法是唯物辩证法的一种。在本书研究中，通过官方统计资料和笔者实地调查得到的第一手资料进行比对筛选时，做适当的抽象分析，挖掘内蒙古半农半牧经济类型区的本质规定性和发展规律性。

（4）定性分析和定量分析相结合的方法。对笔者的访谈、观察和前人的有些观点的确认，通过数据统计和分析来论证和检验。

二　创新之处

从研究视角上看，对半农半牧区的已有研究主要是将半农半牧区看作一个整体，用生态学、土壤学、气象学等自然科学理论和方法进行研究。已有的研究主要以单一学科视角进行的居多，综合性、交叉性的研究较少。对于半农半牧区经济社会发展，因缺乏直接的参考价值，研究中所运用的模型、模拟、实验等研究方法，对解决现实问题有一定的局限性。

本书在以下两个方面有一定的新颖性和创新性：

第一，研究视角的创新。学者们对于半农半牧区的关注和研究是从 20 世纪 50 年代开始的。60 多年时间里，学术界的相关研究成果非常多。但已有的成果多是广义上的、宏观层面上的、自然科学领域的、技术层面的研究。本书以政治经济学、制度经济学、产业经济学和区域经济学等经济学理论为支撑，以半农半牧区整体、全面、持续发展为研究目标，借助国内外相关研究和案例，运用理论联系实际、宏观微观相结合的研究方法，对半农半牧经济区的形成和变迁、发展中存在的突出问题以及几大矛盾进行翔实的探析，试图探索出半农半牧区独有的发展模式。

第二，研究方法的创新。本书为了准确确定研究对象和研究范围，区分了狭义的半农半牧区和广义的半农半牧区，在此基础上区分了半农半牧区和农牧交错带的细微区别，拓宽了区域经济学的概念体系。同时，宏观和微观的研究相结合、实践和理论相结合的研究方法更有助于揭示研究区经济发展的特点和规律。

三　不足之处

第一，本书因笔者的精力限制，未能将全国 146 个半农半牧区旗县全部纳入到数据分析对象当中，仅以内蒙古 21 个旗县的经济社会发展相关数据作为分析工具。因此，本书具体分析虽然总体上不影响基本观点，但是结论的精准度上可能有偏差。

第二，本书未能运用数据模型对研究对象做一精准的实证分析，更多的是运用逻辑推理和规范分析方法，描述性地分析了将半农半牧区与农区和牧区间的差别，将研究区的相关指标数据与全区和全国的相关指标数据做一比较分析，影响了本书的深度和精度。另外，对内蒙古半农半牧区内部的东西部地区文化差距方面没能做到更深层次的分析，这与本书的初衷有一定距离。

第三，没有引用现代发展经济学、区域经济学的新理论来研究半农半牧区发展模式，研究视角狭窄。

第二章 半农半牧区形成与
发展的历史回顾

内蒙古半农半牧区的形成主要是从近代开始的。蒙古族社会受到来自中原农耕社会的影响，在历史的长河中漂泊了几千年的游牧生产生活方式发生了巨大变迁，传统游牧社会向农业社会转化，最后逐渐形成了半农半牧经济区。

第一节 半农半牧区形成与发展

一 元朝时期：蒙古族传统农业有了初步发展

蒙古族历来就是以游牧民族著称于世。然而有研究发现，蒙古人的祖先很早以前就有农耕活动。他们将其生产出来的农产品时常用于传统游牧业生产生活当中。有关研究表明，早在蒙古社会兴起之前就存在生产水平较高的农业生产活动，只是盛行范围较窄。只有在现在的内蒙古东北地区的呼伦贝尔一带的弘吉剌部等某些部落中得到推广。一直到元明时期，蒙古地区的农业始终是规模小、技术含量低下，并且其生产组织形式大部分以官田和军屯的形式存在。反过来，蒙古社会中那些占有畜群较少的牧民一直以来将农业当作一种副业来经营，甚至干脆弃牧从农，但这类人群所占的比重是微不足道的，很难与从事传统游牧业的牧民人数相提并论①。不

---

① 郝亚明：《蒙古族半农半牧经济形态的形成与发展——基于统治政策变化的视角》，《江海纵横》2010 年第 7 期。

难看出，清代以前的蒙古人所经营的传统农业不是他们的主体经营方式，只是补充游牧经济的副业而已。再加之，因统治者所推行的政策对农业发展带来的抑制作用，清朝之前，蒙古地区的农业，无论在规模上，还是在地位上，均处于初步发展阶段。但不可否认的是，早期蒙古社会所经营的传统农业的发展，确实为近代蒙古社会生产方式的转变奠定了重要的物质和思想基础。

二 清朝时期：蒙古族半农半牧区基本形成

清朝初期，因为长城以内和中原地区的农民不断向蒙古社会转移，并私自占据了不少土地，也造成农民和牧民之间不少的纠纷。针对这一现象，清政府在蒙古地区实行盟旗制度，并在各旗均实施了"封禁政策"。由于封禁政策的作用，避免了南来的流民在蒙古地区的大规模开垦。到18世纪初，因社会变更、战争和自然灾害等原因，难以生存的中原地区流民，就像决堤之水一般，违反封禁政策，大规模地涌向塞外那片望不见边际的肥沃地方寻求生存。由此时开始我国东北地区和内蒙古的东部地区被垦荒种田。据历史记载，清朝雍正年代，政府在图拉河和鄂尔坤河沿岸设官有农场。乾隆二十七年，又在科布多附近的布彦岱河畔设官有农场。由于蒙古地区的土地肥沃而便宜，自然引来越来越多的流民在蒙古地区开垦，并且所开垦的面积与日俱增。内蒙古地区的农业是从靠近内地的南部逐渐向北部发展的。因此，农区主要集中在沿长城口外的内属蒙古旗和八旗驻防区内，如归化城土默特、八旗察哈尔、热河等地。在扎萨克旗内，卓索图盟各旗开垦较早，开垦土地也较多，喀喇沁旗在乾隆年间汉民数量已超过蒙民，许多牧民放弃牧业，改营农业，形成了大片的农业区；半农半牧区主要集中在扎萨克旗境内，王公扎萨克招民开垦后各旗境内牧区和农区相互交错，形成了半农半牧区。例如乌兰察布盟、伊克昭盟、昭乌达盟北部、哲里木盟等地均成为半农半牧区。只有内蒙古的北部各旗和漠北喀尔喀境内除军屯外未开垦，仍是牧区[①]。

---

① 黄健英：《北方农牧交错带变迁对蒙古族经济文化类型的影响》，中央民族大学出版社2009年版，第114页。

清朝末年，为了抵制帝国主义列强的侵略，挽救财政危机，清政府终于将坚持已久的"封禁政策"放开，实行历史上有名的"移民实边"政策，向蒙古地区派驻多名官员主持农垦事务。这一政策的出台和实施，加速了汉族人口向蒙古地区的进入迁徙，同时促进了蒙古地区农业发展的进程。清朝统治的两百多年间，在社会经济发展内在要求与国家政策的双重推动下，蒙古地区的半农半牧区，开始逐渐形成并一直扩展到现在的规模。有关研究发现，东部蒙古地区的"科尔沁诸旗中，科尔沁左翼后旗最先获准放垦。乾隆五十六年（1791年），来自河北、山东、河南一带的大批流民冒禁涌入该旗东南境内的常突额勒克地方，私开宽20里、长50里的荒地"①。而到光绪二十八年（1902年），设置辽源州为止，仅科尔沁左翼三旗的招垦面积就达 1.06×10^6 公顷。资料表明，清朝末年，哲里木盟、昭乌达盟、卓索图盟的蒙古人口分别为23万、20万和0.7万。

受南来移民和清政府开垦政策影响，蒙古地区的优质草场被大面积开垦。但是，蒙古地区的牧民并没有立即放弃游牧生活，只是在汉人的影响下个别蒙人开始以耕地种植粮食为补充生活所需的辅助生产方式，从而祖祖辈辈流传下来的传统生产生活方式受到很大的影响。除了极少数的蒙民与移民过来的汉民杂居之外，绝大部分蒙民一直远离"开垦"汉民，隔离而居。严格来说，蒙民的聚居区，早在清政府移民政策实施之前就已出现了以副业形式存在的小规模农业。从农业耕作方式上看，汉民是精耕细作，而蒙民却采用"漫撒子"式的粗放型耕作方式。内蒙古地区的蒙古人，对于汉人的进入保持两种态度：一种态度是主动拒绝。察哈尔、乌兰察布等中西部地区的蒙古人将草场让给移居的汉人开垦，自己却不断地向北推移，致使农业与牧业的界限不断北移。他们以失去广阔的草原

---

① 郝亚明：《蒙古族半农半牧经济形态的形成与发展——基于统治政策变化的视角》，《江海纵横》2010年第7期。

牧场为代价，拒绝放弃畜牧业经营和接受汉人型的农业。延缓了传统文化丧失的速度。另一种态度是被动接受。面临生存危机的内蒙古东部地区蒙古人为了谋求生存，则坚守土地，被迫吸收汉人的文化，改变了自己传统的游牧生产生活方式，形成了与传统游牧社会截然不同的半农半牧型的蒙古社会。长期以来习惯游牧生活的蒙古人，虽然逐渐掌握汉人的农耕技术，但是仍然没有完全放弃发展畜牧业①。

总而言之，到了清朝末年代，虽然各地区蒙古人的农牧业生产比重有很大差异，但就整个地区而言，半农半牧经济类型区已经基本形成。

三　民国时期：蒙古族半农半牧区真正形成

辛亥革命推翻了两千年的封建王朝，建立了中华民国。中华民国成立后，不仅进行了一系列的经济制度的改革，思想意识上也打破了几千年的封建思想，传播了民主、自由、平等思想，为当时的社会经济发展起到了重大的推动作用。随着这样的大环境的变迁，蒙古地区的农业化趋势也越来越明显。在移民实边政策的影响下，被大量开垦的蒙古东部和中部地区的蒙民经济收入中畜牧业产值比重越来越小，农业产值比重越来越大。当时，蒙古地区农业化进程不断加剧有几个方面的原因。其一，随着清朝统治的瓦解，清政府对农业方面的各种限制彻底被消除，因而蒙古地区蒙汉杂居现象日益普遍，蒙汉农民的开垦面积越来越大。其二，伪"满洲国"政府实行的"集村并户"政策，使蒙民的传统牧业管理和生产方式受到了严重的冲击，一定程度上制约了传统游牧经济的发展。而适合于定居形式的农业却得到了很大的发展。其三，从清朝灭亡到进行土地改革为止，土匪猖獗，社会混乱，造成蒙民的牲畜被土匪抢走抢光。失去牲畜的蒙民不得不经营农业来维持生计。其四，民国时期

---

① 孛儿只斤·布仁赛音：《近代蒙古人农耕村落社会的形成》，娜仁格日乐译，内蒙古大学出版社 2007 年版。

军阀在蒙古地区进行的大规模垦殖，也加剧了农业化进程。例如，1916 年，奉系军阀张作霖以武力强迫达尔罕王旗，开垦辽河南北肥沃土地 4000 多方，1922 年，又开垦通辽以西肥沃土地 2800 多方，收押荒银 40 多万两①。到民国初，随着农业规模的扩大和农业地位在生产中的不断提高，蒙古地区半农半牧经济类型逐步形成，并在之后的各个时期内不断得到深化和巩固。

四 新中国成立之后：半农半牧区面积不断扩大

新中国成立后，由于计划经济体制和"以粮为纲"的农业政策影响，半农半牧经济类型又得到进一步的发展。由当地政府划定了半农半牧区范围，明确了牧场和农田的界限。但由于草原和农田随地形而连绵交错的特点，经常发生农牧矛盾。例如，郡王旗人经常用粗暴的方法驱走外来牲畜；包头县人则不让牧民经过他们边界；还有一些基层组织，往往将广袤无边的草场中的小块农田尽量封闭等等。所有这些举措，均使游牧活动受到限制。牧民只能在村庄周围种地，不能在游牧路径上随便选地种植。另外，种田也要征收农业税，只有种苜蓿才不征农业税。这在一定程度上限制了牧民的农牧兼营。在东部内蒙古地区，农牧业逐步由集体统一经营。在生产队中，规定一部分人从事农业，一部分人从事游牧业②。后来在"左"的思想影响下，半农半牧区的种植业部分不断扩大，畜牧业不断减少。尤其是在"大跃进"、三年自然灾害期和"文化大革命"时期，"要实现饲料、粮食、蔬菜的自给，就必须开荒种地""深挖洞，广积粮"等政策的号召下，开始了大面积长时间的草原垦荒。20 世纪 60 年代末，蒙东地区耕地面积连年增加，比新中国成立初期增加了 32%，创造近 50 年历史最高纪录。内蒙古绝大部分地区都被开荒垦殖，农牧结合经营成为主要经济活动内容。

---

① 王淑芬：《经济篇——传统畜牧业经济向农耕经济的转变》，通辽经济技术开发区网，http://www.tlkfq.com.cn/。

② 王建革：《近代蒙古族的半农半牧及其生态文化类型》，《古今农业》2003 年第 4 期。

五 改革开放以来：半农半牧区和农区的面积持续扩大

改革开放之后，在农村牧区推行土地承包，分散经营的家庭联产承包责任制，更加促进了半农半牧经济类型的发展，很多牧区都演变成半农半牧区，而半农半牧区则演变成农区。据1996年土地管理局的资源调查，到90年代中期，科尔沁北部的旗县由过去的牧区和半农半牧区全部转变成以农为主的农牧林区。"在承包之前，我们这里（科尔沁左翼后旗布敦哈拉根公社）的经济结构是牧业为主，农业为辅，生活方式具有浓厚的牧区特点。而从80年代开始'单干'之后，耕地不断扩大，农业生产比重不断提高，牧业产值不断减少，牧区生活习惯逐渐消失，牧民转变成了农民"①。历史上以水草丰美著称的科尔沁草原经过半个世纪的变迁，如今已经完全消失，成为永久的回忆。

第二节 半农半牧区形成与 发展的成因分析

促成半农半牧区形成和扩大的因素有很多。既有自然因素，也有社会因素；既有个体行为因素，也有政府制度因素。这些因素交互作用，共同促成了半农半牧区的形成与扩大。

一 自然因素

马克思在《资本论》中指出，经济活动在不同时期有不同的运行规律。"由于各种机体的整个结构不同，它们的各个器官有差别……同一个现象却受完全不同的规律支配……生产力的发展水平不同，生产关系和支配生产关系的规律也就不同"②。在漫长的历史变迁中，自然因素对半农半牧区的形成作用是非常缓慢的，但往往

---

① 笔者的半农半牧区调查日记，2010年8月，被采访人：哈斯巴根，53岁，科左后旗布敦哈拉根苏木后扎木嘎查牧民。

② 马克思：《资本论》（第一卷），人民出版社1975年版，第23页。

起着决定性作用。其中，降水量和气温是主要的两个因素。

气温的变化与人类社会因素，共同促成了半农半牧区的形成与扩大。我国东北地区、川西青藏高原东部、新疆北部的半农半牧区的形成与扩大均与气温变暖有关。据研究，中国气候大致经历了适宜期、新冰期、小温暖期、现代小冰期和近代变暖期①。而适宜期、小暖期和近代变暖期的历史阶段人口北迁，新冰期和现代小冰期人口南迁。从17世纪到现在气温正是近代变暖阶段，因此中国人口大量北迁，引起了农牧交错带的北移而促成了半农半牧区的形成和扩大。

相对而言，降水量的变化对内蒙古半农半牧区的形成起到了关键性作用。龚高法等（1993）对鄂尔多斯地区近2000年间的农牧交替变化和湿润指数变化进行对比研究，发现农牧交错带的形成与降雨量有直接联系。每一次干燥期都以畜牧业发展为主，而每一次湿润期则以农业发展为主。这种农牧交替除了政治、经济和军事等社会系统方面的原因外，气候变化是其重要的影响因素②。

农牧结合方式本身的特殊社会功能和经济功能推动了半农半牧区的形成。由北方的特殊气候条件决定，人们为了生存和发展，不得不探索各种经营方式。而农牧结合的经营方式具有特殊的社会功能和经济功能，自然被人们所接受。因高寒所致，人体所需的营养物质多以高热量食品为主。不同地理环境和不同的气候条件，客观上决定了各地区各民族部落各不相同的饮食结构。以藏族的传统饮食结构举例，青藏高原的寒冷而干旱的气候，造就了藏族人民以酥油茶、青稞酒、牛羊肉为主的饮食结构。而蒙古族的传统饮食结构特点，是以奶茶、牛羊肉、炒米、白酒等高热量食品为主的饮食结构。无论从高原环境特点，还是从民族食物结构来看，农牧结合方式，不仅是维系高原各族人民基本生活需求的根本保障，也是确保

---

① 陈建华、魏百刚、苏大学：《农牧交错带可持续发展战略与对策》，化学工业出版社2004年版，第23页。

② 宋乃平：《农牧交错带农牧户土地利用选择机制研究》，科学出版社2007年版，第65页。

高原独特民族文化社会系统存在与发展的物质基础①。

总之，是自然条件决定了蒙古族的生产生活方式，进而也决定与其相适应的特有经济文化类型的形成。马克思分析社会分工时指出："不同的公社在各自的自然环境中，找到不同的生产资料和不同的生活资料。因此，它们的生产方式、生活方式和产品，也就各不相同。"② 我国北方农牧交错带，不是人为划定的，而是人类经济活动适应大自然气候条件而形成的自然带。而处于农牧交错带的内蒙古半农半牧区，同样是受大自然长期作用而形成的经济类型区。

二　社会因素

半农半牧区的形成，除了受自然条件的影响外，还受经济利益、政策、文化、人口增长以及人口迁移诸多因素的影响。

（一）根本动力：经济利益

物质资料生产是人类生存和发展的基础。人要生存，就必须有维持生活的物质资料，而要取得这些生活资料，就必须进行生产活动。生产活动首先是一个劳动过程。马克思说："劳动过程的简单要素是：有目的的活动或劳动本身，劳动对象和劳动资料。"③ 土地本身是劳动资料，是农业生产所需的最重要的要素。然而随着人口的不断增长，内地人地矛盾越来越凸显，致使越来越多的农民到塞外，以租地耕农、走稼青④等方式维持生计，从而使草原牧区出现了农牧交错的半农半牧区。

从移民者的角度看，两地的耕地面积和经济收入的差距是半农半牧区形成的重要动力。一方面，随着人口的不断增加，内地人均耕地面积越来越少；另一方面，内地的土地所有者对佃农的剥削率越来越高。因此，一开始是少数内地农民偷偷进入政府的"禁地"

---

① 刘庆：《青藏高原农牧结合的功能、模式与对策》，《自然资源学报》2000 年第 1 期。

② 马克思：《资本论》（第一卷），人民出版社 1975 年版，第 390 页。

③ 同上书，第 202 页。

④ 稼青是清代和民国时期盛行于满蒙的农业开垦区（现在的半农半牧区）的一种土地雇佣关系，其内容是地主负责一切生产费用，稼青（佃农）只提供劳动力，但没有经营自主权，不像一般佃农那样有劳动自由。作物的选择、耕种的程序全部被地主所控制，稼青只分得产量的一小部分。

（历史上的农牧交界）耕种。但是在经济利益的驱动下，跑到边口耕地的内地农民越来越多。尤其到清末，"禁地"政策被解禁后，大批内地人口向北迁移，致使牧区半农半牧化程度加深，接壤于农耕地区的南部甚至出现了纯农业化的趋势。

从招租者的角度看，通过出租土地获得地租，扩大收入。清朝初期，清政府仍然禁止开垦塞外草地，禁止人口迁移。但是随着内地人口的增加和土地兼并现象的加剧，大量失地农民流落到塞外谋生。而蒙旗王公贵族常常违禁私招农民，为他们耕地，生产农产品，历史上称其为"私垦"。当时，蒙旗王公贵族不像内地封建地主那样进行剥削，也不详计土地面积，只是要求私垦的农民交一部分农产品即可，剥削率比内地地主低得多。后来到蒙地耕种的农民数量逐年增加，与蒙地王公贵族建立了长期稳定的土地租佃关系。然而，各蒙旗的招租，不仅限于王公贵族，整个蒙旗所有的阶层几乎都被卷入了私招私垦的行列。

从农牧业经济效益来看，假设单位面积土地既能经营农业，也能经营牧业，农业产值则是草地牧业产值的几倍。按1953年的生产力水平，察北、察盟及锡盟的农牧过渡区，从事农耕来维持一个农民的生活，每年需要7—8亩耕地，若耕地复原为草地放牧，维持一个牧民的生活，约需草地40亩[1]，其单位面积经济收益比例为5:1，只有在不适宜农业的陡坡及洼地，牧业利益才能超过农业，难怪一般居民为了眼前利益重农轻牧，开垦牧地，大肆从农。因此，在草原牧区以经济地租高的耕地来替换其草地的现象较普遍，因此，牧区不断向半农半牧区转变也就成为必然趋势。

（二）直接动力：政策影响

正如拉坦和速水所说："制度提供了对于别人行动的保证，并在经济关系这一复杂和不确定的世界中给予预期以秩序和稳定

---

① 赵松乔:《察北、察盟及锡盟:一个农牧过渡地区经济地理调查》,《地理学报》1953 年第 1 期。

性。"① 人从事经济活动，总是希望收益最大化。但在实际生活中，希望和现实之间总是存在着一定的距离，人们常常得不到所希望的。而问题的主要症结在于制度，即制度是否对人的行为给予激励以及给予多大程度的激励。"放垦蒙地""移民实边"政策作为制度，对大批内地农民迁入蒙地提供了重要的制度保障。

综观中国两千多年的农牧消长历史，各王朝的农业政策制度是导致农牧交错带北移，形成半农半牧区的最直接的动力。尤其是鸦片战争以来，因多个不平等条约以及巨额的战争赔款，致使清政府国库枯竭，外债高筑，陷入前所未有的财政危机，出现"东挪西垫，寅吃卯粮""入不敷出，万分窘迫"的情况。清政府为了"开浚利源"，增加财政经费，解除"封禁"，实施"放垦蒙地"政策。于是，地广人稀的内蒙古地区就成为"聚宝盆"，好多驻防将军、沿边各省督抚等纷纷上奏提出"放垦蒙地"、"开浚利源"的建议②。1902 年，清政府派垦务大臣贻谷到内蒙古西部地区推行"放垦蒙地"政策，于是东北军阀也对各自管辖范围内的蒙旗各地推行招民开垦。实施这些政策制度的直接后果就是农业经济在草原地区的兴起，从此开始，内蒙古绝大部分地区均出现半农半牧区和纯农耕区，而草原牧区日渐衰落。

（三）无形力量：文化影响

由生产方式决定的民族文化，对经济类型的发展和变化也会产生反作用。我国历史上，长城内外是分属两种截然不同的文化，即与农耕经济相适应的农耕文化和与游牧经济相适应的游牧文化。

游牧经济与农耕经济是两种截然不同的经济类型。游牧经济是适应干旱、少雨、早晚温差大等草原生态环境特点而形成的一种生产方式。游牧民族在这样的生产生活过程中，积累了丰富的保护草

---

① 布罗姆利：《经济利益与经济制度》，生活·读书·新知三联书店、上海人民出版社 1996 年版，第 23 页。

② 珠飒：《清代内蒙古东三盟移民研究》，《内蒙古大学学报》2005 年第 7 期。

原生态系统的放牧经验和技术。例如，根据不同季节、不同的草地特点以及不同牲畜结构和习性，进行分类放牧。就拿放羊来说，羊的春季营地，牧民一般选在地势稍高、挡风雪之处。羊吃了生长在石缝中的辣性草，有利于杀菌，为长秋膘打基础；羊的夏季营地，牧民一般选择地势高、离河水稍远的地方，羊群不燥，可增强体质；羊的冬季营地，牧民会选在地势稍高、挡风朝阳之所，以保暖保膘。这四季牧场的迁徙之中，包含着轮牧、休牧、禁牧的科学内涵。而农耕文化则是以一家一户为生产组织单位，以"自给自足"为目的，以"男耕女织"为自然分工原则的精耕细作型生产方式。这样的生产方式决定了农耕民族以满足个人温饱为核心，自耕自作，无拘无束，不协作，不交换的农耕文化（也称为"小农意识"）。由于文化的差距，两者对同一事物的认识和看法完全不同。例如，对草资源在经济中的作用问题，农耕者为了保证农作物的长势和产量，决不允许杂草生存。久而久之，农耕者的脑中形成了排斥和贬低草，视草为敌的观念。诸如"草包""草寇""草率""草稿"等词的用意，均体现了对草的敌视。

蒙古各部落从纯游牧到半农半牧经济的转变，就因受到不同文化影响而有所不同。地处中亚的西部蒙古族以绿洲灌溉农业和沙漠游牧为特色，放牧时一般分三季营地或定居游牧；俄罗斯文化圈内的喀尔玛克蒙古族和布里亚特蒙古族部分地接受了俄式农业和畜牧业，游牧业发生了集约化，但保持了季节营地；在内蒙古，游牧业与汉式农业的融合程度很差，蒙民或是完全汉化，形成无游牧业的集约化农业村庄，或是仍守着"漫撒子"式农业和游牧业的结合①。

虽然中原地区的农民不断地进入蒙古草原历史已久，但对蒙古人的文化影响很小，因为蒙古人并不喜欢农耕文化，他们较长时间坚持着游牧文化传统。汉人进入蒙古草原之后，并没有接受游牧经

---

① 王建革：《近代蒙古族的半农半牧及其生态文化类型》，《古今农业》2003年第4期。

济，而是仍然持续着传统的农耕经济。但是，移民过来的大批人口，加剧了草原人地矛盾和生态环境的变迁，使蒙古人被迫接受了汉人的农耕经济。农耕文化与游牧文化的这种长期碰撞、角力的结果是，中原农耕文化最终还是冲破了草原游牧文化圈的堤坝，冲向草原并淹没了草原游牧文化。中原农耕人四处扩散的过程中，把中原农耕文化也带到了各地，开始影响其周围邻近地区的各少数民族及其文化，使游牧民族逐渐失去了自己的传统文化，最后彻底融入中原农耕文化体系中①。两种文化碰撞的结果是，过去的蒙古牧民逐渐变成了现在的蒙古农民，昔日的牧区逐渐变成了今天的农区和半农半牧区。

总之，一个社会的变迁其实就是一种正式规则、行为的非正式习俗、惯例的混合体②。农牧交错带在中国北方的形成完全是一种以人文因素起重要作用的独特现象，主要是人类长期农耕活动干预和影响下的产物，更多地带有经济、社会等方面的属性，形成了边际性种植业和草地畜牧业并存的特殊生态—经济—社会复杂系统③。在人地关系地域系统中，人是积极的、主动的要素，使用土地的人的行为选择，对于人地关系具有深刻的甚至决定性的影响。要了解人地关系中人与地之间相互作用的机理，必须加强人地关系行为机制的研究④。

第三节　半农半牧区的基本特征

农牧业生产活动的对象是植物和动物。人类必须借助特定的自

---

① 包玉山：《游牧文化与农耕文化：碰撞·结果·反思——文化生存与文化平等的意义》，《社会科学战线》2007年第4期。

② 诺思：《经济学的一场革命》，经济科学出版社2003年版。

③ 程序：《中国北方农牧交错带生态系统的独特及其治理开发的生态原则》，《应用生态学报》2002年第11期。

④ 石敏俊、王涛：《中国生态脆弱带人地关系行为机制及应用》，《地理学报》2005年第1期。

然条件，通过自身的劳动，遵循动植物本身所固有的生长自然规律，促进活动对象的生长发育。这一过程，一方面是生物自然再生产过程，另一方面是人类劳动所进行的经济再生产过程。因此，半农半牧区的生产活动，不论在任何社会制度和历史阶段，均受自然条件的制约和人类活动的影响。内蒙古半农半牧区的农牧业生产对自然条件的依赖性更大，因此，分析半农半牧区农业经济特点时必然要同其自然特点相联系。而本书的研究区内蒙古半农半牧区，是因汉族农民的北移而形成的蒙古族为主体的少数民族聚居的特殊经济类型区。虽然在农牧业生产特点上，与农区和牧区存在很多共同点，但也有截然不同的一些特征。

一 自然特征

半农半牧区生态环境是农耕生态环境和畜牧业生态环境系统的相互过渡带，因此具有两种生态系统相互作用而形成的独特的生态环境脆弱性的特征。其生态系统是由草地、农田和林地组成的复杂生态系统。其气候类型属于干旱、半干旱气候，风力强、容易风蚀土地。其自然特征具体表现为土壤质地贫瘠、降水量时空分布不均匀、植被覆盖率低下、生态恢复性差。

（一）土壤条件差，不宜开垦耕作

根据土壤学理论，半农半牧区土壤类型的肥力由大到小的排列为：漂灰土、巴嘎土、草甸土、嵝土、褐土、灰色森林土、棕壤、灰色草甸土、草毡土、黑钙土、灌淤土、黑垆土、暗棕壤、灰钙土、栗钙土、黄绵土、潮土、风沙土、棕钙土。而内蒙古半农半牧区的绝大部分土壤为风沙土，风沙土属于发育初期的土壤，其质地粗，结构差，养分含量低，保水保肥能力弱。虽然也有一些土壤肥沃、水肥条件较好的土地，但那只是草牧场的上层（或表层），下层往往是第四世纪松散的沉积物，这往往也给农牧民一种错觉，认为土地"肥沃"，可以开垦种植农业。这样的错觉下，盲目开垦草地，获取短期利益，致使第四世纪的松散沉积物不断翻出，就会导致土地的沙漠化。

（二）降水量少，时空分布不均匀

半农半牧区不仅年降水量很低（一般为300—600毫米，近几年随着全球气温暖化趋势，该地区的降水量降为200—450毫米），降水量的时空分布也严重不均匀，降水量主要集中于6—8月份，占全年降水量的60%—70%。降水年际变化大，蒸发强烈（韩兴国，2007），并且暴雨出现频繁，对土壤的破坏性大，易发生干旱及风蚀和水蚀。再加之，人们的不合理利用土地、滥垦滥伐及超载过牧等原因使得生态环境问题凸显。

（三）植被覆盖率低，稳定性差

半农半牧区属于温带半干旱地带，很少一部分地区才是林地，多为干旱草原和山地草原，因此该地区普遍都是一年四季缺水，土地盐渍化沙化严重，甚至裸露的黄土地和草原交错分布。因此，这些地区易受外界影响，其植物生长和覆盖的波动性很大。而半农半牧区的生态环境脆弱性的产生，除了自然客观的变迁以外，与人类大规模的经济开发活动密切联系。内蒙古的半农半牧区，在清朝之前一直是以游牧业为主的经济模式，达到了一种古代的可持续发展。但是清代中期以后，在人口扩张压力、经济利益驱动和政府决策引导三方面的作用下，土地利用方式发生重大的变化，农业生产规模持续超负荷增长。这种人类历史变迁给该区域的生态环境带来了沉重的压力，耕地面积急速扩张，草场面积日益减少。从此开始内蒙古草原生态环境遭遇空前的破坏，沙漠化和草原退化急速加剧。尤其是从20世纪80年代开始实施的我国农村牧区家庭联产承包责任制改革，为农牧户利用草原发展家庭经济提供了外部政策环境。而这个外部条件与自身利益最大化的内在因素相结合，促使农牧户忽视草原的长期可持续发展，乱垦、滥用草原，使草原生态系统功能遭到破坏，导致了草原"公地悲剧"的产生。

（四）风蚀力强，破坏性大

半农半牧区属于干旱、半干旱地区，该区当年耕种过的一些土地，往往因经过当年秋季冬季和第二年春季的强劲西北大风，将翻耕过的松软土地刮走10多厘米。尤其是那些风口或丘陵的阴坡，会被风刮去10—20厘米的土层。在这样的强力风蚀下，半农半牧区新开垦的土地在3—5年内就会绝收。这就是近20年来，形成我国北方沙尘天气的沙源来自人为扰动破坏了的退化土地，而不是来自原生的戈壁和沙漠的原因①。被大风侵蚀较弱的阳坡，也避免不了严重的风蚀，但并不是荒漠化，而是在北方的干旱阳坡因日照强烈，庄稼或植被更不易生长。大风扫荡半农半牧区之后不仅摧毁牧场、吞噬农田，还将刚耕种的农作物种子连土带肥地卷走，致使作物苗株大受损坏。更具破坏力的是强风消耗土壤表面的水分、破坏农业生态环境和农田水利等设施，埋没房舍、棚圈、水源，中断交通通信，发生特大风尘沙暴危及群众生命。长期以来，风蚀区大都呈"沙进人退"的被动局面。如陕西榆林地区在新中国成立前的100多年中就有6个城镇和421个村庄被风沙湮没②。

二 社会特征

（一）地区人口平均密度大、区域分布不均匀

2000年的时候，我国农牧交错带人口密度为31人/平方公里，我国内地人口密度为134.9人/平方公里，内蒙古人口密度为11.8人/平方公里。2012年，内蒙古半农半牧区人口密度为46.56人/平方公里，内蒙古人口密度为20人/平方公里，我国内地人口密度为139人/平方公里。十几年来，半农半牧区的人口增长较快，人口密度增加明显。而且半农半牧区人口分布不均匀。越接近农区人口密度越高，越接近牧区人口密度越低，以农牧交错带为界限，向东和东南方向延伸，人口密度明显提高，向西和西北方向延伸，人口密度明显降低。例如，青藏高原地区的西藏、甘肃、青海等地区的半农半牧区人口密度最低，基本上是10—20人/平方公里。

---

① 刘世顺：《沙尘暴源自何方》，《环境教育》2001年第3期。
② 高荣乐：《中国黄土高原地区的风蚀灾害及其防治》，《灾害学》1996年第9期。

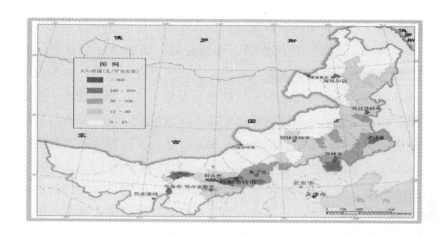

图 2 - 1　内蒙古半农半牧旗区人口密度分布

据中国科学院黄土高原综合科学考察队人口发展的中长期预测，到 2030 年，黄土高原地区的总人口低方案为 12885 万人，人口密度为 205 人/平方公里；中方案将达到 13752 万人，人口密度为 219 人/平方公里；高方案将达到 14001 万人，人口密度为 223 人/平方公里。从满足食物需求的条件衡量，黄土高原地区人口合理容量在 0.5 亿—0.6 亿之间，人口密度为 80—95 人/平方公里。而到 2030 年，即便是所谓低方案预测值亦将是合理容量的 2.15—2.58 倍，中方案预测值将是合理容量的 2.29—2.75 倍，高方案预测值将是合理容量的 2.34—2.80 倍[①]。

（二）少数民族聚居，多民族杂居

北方农牧交错带的半农半牧区，自古以来就是中原农耕文化和北方游牧文化交接、交融之处。在半农半牧区，与牧区和农区相比较，具有明显的地区特征即多民族杂居的特征。在牧区一般都是以少数民族为主体，而在农区一般都是汉族为主体。而在半农半牧区，除了少数民族聚居以外，汉族人口数量占据很大的比重，是以

---

① 毛留喜、程序、王利文、刘国彬：《农牧交错带人口承载能力胁迫理论与对策研究》，《生态经济》2001 年第 6 期。

少数民族聚居、多民族杂居为特征的。在我国的半农半牧地区，居住着汉族、蒙古族、鄂伦春族、鄂温克族、锡伯族、朝鲜族、满族、维吾尔族、回族、藏族、苗族、侗族和白族等民族。而在内蒙古半农半牧区居住的民族除了汉族外还有蒙古族、鄂温克族、达斡尔族、满族、朝鲜族和回族等二十几个少数民族。而各民族的长期杂居，将使不同的文化相互影响，相互渗透，不仅游牧民族的生产方式和生活方式发生了重大变化，农耕民族的生产生活方式也发生了很大变化。例如，内蒙古半农半牧区的蒙古族居民不仅经营畜牧业，还要进行耕作，并且耕作技术逐渐提高；生活方式上，不仅从过去的游牧转为定居，并且饮食结构、服饰风格、风俗习惯、语言文化均发生了重要变化。在长期的杂居中，随着各民族文化的相互交融，带来了各民族的团结与发展，更重要的是推动了半农半牧区经济社会的综合发展[1]。

（三）文化结构和风俗习惯多元化

内蒙古半农半牧区具有悠久的历史文化传统。不仅有蒙古族传统的游牧经济文化，还有汉族精耕细作的农耕文化，也有朝鲜族水稻文化和满族手工业传统技术以及回族的商业文化等多种文化和风俗习惯相互交融，互相促进。作为主体民族的蒙古族的传统畜牧业经营技术仍然延续和发展。居住在内蒙古东部半农半牧区的朝鲜族以擅长在寒冷的北方种植水稻著称。他们生产的大米洁白光亮、营养丰富。据历史考察，清朝政府规定公主和贵族女子嫁往蒙古部落时，有一定数量的陪伴人员，"凡公主下嫁，必具媵送"[2]，大量的陪送人员在蒙古草原安家落户，他们将内地比较先进的生产方式和生产技术带到了当地，促进了当地农业生产的发展。到18世纪后半叶，在长城沿线的归化、热河、察哈尔一带，形成了相当数量的农业区，改变了当地单一的游牧经济格局，很多蒙古牧民开始转向务

---

① 文明：《内蒙古半农半牧区全面建设小康社会的探析》，《内蒙古财经学院学报》2004年第4期。

② 转引自牛海桢《简论清王朝的满蒙联姻政策》，《甘肃联合大学学报》2007年第5期。

农，"蒙古佃贫农，种田得租多，即渐罢游牧，相将艺黎禾"①。可见，满蒙联姻在蒙古社会经济发展过程中起到了积极的推动作用，特别是为科尔沁蒙古地区的农业发展提供了农具改造的技术和技术人员，它对今天的半农半牧区的发展，带来了很大的历史影响。特别是占据内蒙古半农半牧区人口绝对量的汉族的农耕文化，对半农半牧区的经济发展带来了决定性的影响。蒙汉民族在长期的杂居中形成大统一、大融合，不仅经济上的相互影响很大，在生活习惯、语言文化、婚俗风情等方面的相互影响也很深。据有关研究发现，55 个少数民族，包括未识别民族及加入中国国籍的外国人，族际婚姻的人数为 895121 万人，其中与汉族通婚的人数占到 81.58%，少数民族之间的婚姻只占 18.42%②。

综上所述，半农半牧区在人口密度、民族结构和文化结构等方面，均具有独特的特点。这一特点对该地区的经济、社会、生态等方面都带来较大的影响。

三　经济特征

（一）产业结构具有复杂性和多样性

半农半牧区既有山地丘陵，又有平原河川；既有肥沃土地，也有荒芜沙漠，自然资源种类繁多而并存。由半农半牧区特定地理环境和气候条件决定，其产业结构与农区和牧区相比，具有明显的复杂性和多样性的特征。

一个农户或牧户既要经营种植业又要经营畜牧业，这样的经营模式，一方面，通过种植业和畜牧业内部的互补，畜牧业得到充足的饲料，种植业得到低成本的役畜和有机肥，从而形成畜牧业为主导产业、农牧业协调发展的循环经济特征（修长柏，2010）。另一方面，两种产业可能互相竞争，相互排挤，而影响各自的发展。从土地利用上看，种植业排挤畜牧业，会导致耕地面积不断扩大，畜

①　转引自牛海桢《简论清王朝的满蒙联姻政策》，《甘肃联合大学学报》2007 年第 5 期。

②　李晓霞：《试论中国族际通婚圈的构成》，《广西民族研究》2004 年第 3 期。

牧业失去牧场,畜牧业逐渐萎缩;促进畜牧业的发展,自然要缩小耕地面积,那样自然会引起粮食产量的降低。半农半牧区农牧业发展历史表明,种植业和畜牧业关系是相互排挤、相互竞争的,将两者结合的地区也没能发挥出较高的经济效益。

半农半牧区种植业和畜牧业兼营模式具有生产规模小型化和经营分散化的特点。这样的经营模式和特点对农牧业技术培训、专业化分工带来困难,同时也制约农牧业发展的社会化服务体系的建立和完善。这会影响到半农半牧区的经济发展,成为半农半牧区经济发展滞后的重要原因之一。

(二)生产条件差,收入水平低,贫困率高

半农半牧区干旱少雨的自然条件制约着农产品产量的稳定增长,也影响着畜牧业的发展。同时,半农半牧区经济结构单一、生产条件落后、经营方式落后、经济效益低。《内蒙古统计年鉴》(2013)数据显示,我国半农半牧旗县中,有国家级贫困县53个,占全国国家级贫困县的9.1%。牧区县和半牧区县10年的GDP增长主要依靠农牧业的增长,反映了农牧业在半农半牧区国民经济中占有主导地位,同时也反映其经济结构不合理以及经济发展水平的落后情况。畜牧业总产值增长149亿元,其中牧业旗县增长23.7亿元,半农半牧旗县增长125.4亿元。内蒙古21个半农半牧旗县的农牧民人均纯收入在全区101个旗县当中排名第50名之后的有15个旗县。2012年,从内蒙古半农半牧旗县的三次产业产值比重来看,第一产业的产值比重比自治区的比重高,其地方财政收入在全区财政收入总额中比重仅为14.6%,地方金融系统存款余额占贷款余额的比重不到30%①。半农半牧旗县中,农牧民收入水平低于全区平均水平的旗县有10个,占1/2的比重。47个农业旗县中,农民收入水平低于全区水平的有16个,占1/3强的比重。而33个牧业旗县农民收入水平低于全区水平的有9个,占1/3弱的比重。

---

① 根据《内蒙古统计年鉴》(2013)的相关数据计算所得。

（三）区域经济发展不平衡

不管是全国半农半牧区还是内蒙古自治区的半农半牧区，地区间的经济发展程度存在很大差距。例如经济发展较快的鄂尔多斯市准格尔旗2010年的财政收入为44.21亿元，而同年，乌兰察布市察哈尔右翼中旗的财政收入仅为0.36亿元。21个旗县中排名最高的伊金霍洛旗的人均GDP为283213元，而排名最后的扎赉特旗人均GDP仅为12213元。这样严重不平衡问题制约着整个自治区经济社会的平衡发展，有的盟市规划实施县域经济发展战略甚至无从下手。当然，地区发展不平衡的问题不单单是半农半牧区特有的现象，而是在全国范围内普遍存在的问题。这样的不平衡现象通过市场经济自发调节的机制作用可能经过10年20年甚至上百年才能解决，民族地区经济发展长期处于不平衡状态，容易导致社会不安定现象的发生，其产生的后果恐怕不是经济问题那么简单。

（四）农牧民的农牧业收入比重偏大

农业收入由种植业、畜牧业、林业、渔业和副业构成。而半农半牧区农牧民收入中，畜牧业经营收入和种植业经营收入是主干部分，一般占80%以上的收入，而其他收入所占比重很低。这一特点与纯农业地区或者纯牧业地区相比比重明显低。

第三章　半农半牧区经济发展现状与存在的问题

第一节　半农半牧区的地位与功能

半农半牧区作为我国农区与牧区之间的重要纽带，其区位优势、资源优势和文化优势均较突出。尤其是我国西部开发战略的实施，为半农半牧区发展带来了千载难逢的机遇，更凸显出其地位的重要性。

一　生态保护功能：生态保护的屏障区

内蒙古半农半牧区是我国农牧交错带的重要组成部分。而我国农牧交错带是由东北向西南方向横卧在连接北方草原牧区和南方农耕地区的重要地段，对于遏制我国西北地区大面积的沙漠向东南移动而加剧荒漠化和沙化起着重要的屏障作用。

我国西北地区气候干旱，而常年盛行强烈的西北风，将大面积的石块、沙砾吹向东南部。粗砂留在原地形成戈壁，细沙顺风飞向较远的地带，形成了大大小小的沙漠群。而那些细沙直接被风吹到半农半牧区，在山冈、草原和树木的阻挡下，沉积成黄土高原和黄土地。最终形成了我国由西向东的阿尔泰山脉—腾格里沙漠—毛乌素沙地—陕北地区的黄土高原。农牧交错带的外围线是阴山、燕山、大兴安岭山脉等几条连绵的山脉组成的防风线，将几大沙漠阻挡于门外，从而形成了强大的防风固沙功能，为内地的生产和生活提供了保障。

处在农牧交错带内的内蒙古半农半牧区同样为农牧交错带东南地区的生态安全和生产生活的安全提供了重要的保障。

二　经济功能：矿产和能源基地

内蒙古半农半牧区内储藏着丰富的矿产资源。东胜—神府煤田，面积 2.29 万平方公里，预测储量 6690 亿吨，探明储量 2300 亿吨，是全国最大煤田，世界七大煤田之一；准格尔煤田，面积 6153 平方公里，总储量 544 亿吨，远景储量约有 1000 亿吨；达拉特煤田，探明储量 65 亿吨，还有芒硝和石英砂储量分别为 33 亿吨和 12 亿吨；伊金霍洛旗是国家重要的能源重化工基地之一；太仆寺旗初步探测硅石储量为 200 万吨，钨的储量为 16000 吨，珍珠岩储量为 9000 万吨，萤石储量为 15 万吨，黄金储量 437 公斤；奈曼旗的麦饭石远景储量 2000 万吨，大理石储量 405 万立方米；敖汉旗黄金探明储量 101 吨，铁矿资源探明储量 1.2 亿吨，潜在资源储量 1.5 亿吨①。

三　区位功能：农区和牧区的经济纽带

在历史上，半农半牧区曾经是南来北往的经商者的物资交换的经济纽带。例如地处半农半牧区的兰州、银川、包头、东胜、呼和浩特、榆林、大同、承德、张家口、赤峰、通辽等地，自古以来就被人们称为"茶马市"。历史上著名的"丝绸之路"当年经过的就是西北地区的半农半牧区。现今，这种经济纽带的作用越来越突出。尤其是在西部大开发以来，东西部的经济交往得到更大程度的加强，半农半牧区作为东西部地区的中间地带，成为东西部地区或农区和牧区间的物流、能流、信息流的重要通道。

内蒙古半农半牧区作为东部地区的生态屏障和畜产品供应基地，为东部的经济发展提供有效的供给市场。同时，作为西部牧区畜牧业的育肥基地、饲草料基地和初级畜产品中转市场，内蒙古半农半牧区成为西部经济发展的重要推动力量，是我国跨区域发展规划和战略的重要支撑带。

---

①　根据各旗政府网站的旗县概况整理所得。

四　政治功能：民族团结和边疆安定的保障

我国半农半牧区，自古以来就是农区与牧区进行物物交换的经济纽带，是内地汉族与塞外少数民族间的经济交往地带。这一区域聚居着蒙古族、藏族、哈萨克族、维吾尔族等 20 多个少数民族。内蒙古半农半牧区，以蒙古族为主体的 10 多个少数民族与汉族杂居，构成了民族经济文化的大交融（如表 3 - 1 所示）。在半农半牧区，因牧地和耕地的边界问题引发的纠纷不在少数。因此，半农半牧区的经济社会的发展问题与我国广袤北疆的安定、团结和繁荣昌盛息息相关。

表 3 - 1　　　　内蒙古半农半牧区旗县少数民族人口状况

地区	总人口（万）	少数民族人口（万）	比重（%）	地区	总人口（万）	少数民族人口（万）	比重（%）
扎兰屯市	42.14	6.06	14.38	敖汉旗	60.0	3.3*	5.5
阿荣旗	33.18	3.66	11.01	太仆寺旗	21.05	1.38*	6.6
莫力达瓦旗	33.82	4.72	13.96	察右中旗	1.73	o.33*	1.9
科右前旗	25.88	22.36	86.4	察右后旗	22.1	11.5*	5.2
扎赉特旗	39.92	17.86	44.74	东胜区	26.3	1.81*	6.9
突泉县	31.50	8.95	28.4	达拉特旗	36.9	12.5*	3.4
科尔沁区	79.52	25.10*	31.5	准格尔旗	31.3	2.75*	8.8
开鲁县	40.10	6.69	16.7	伊金霍洛旗	16.7	1.07*	6.4
库伦旗	17.40	11.10	63.8	磴口县	1.23	0.45*	3.7
奈曼旗	44.18	16.20*	36.6	乌拉特前旗	34.3	1.23*	3.6
林西县	23.97	10.80*	4.5				

资料来源：内蒙古各旗县《2012 年国民经济与社会发展统计公报》（带 * 号的数据是表示蒙古族人口，因统计年鉴和统计公报当中均未能查到少数民族数据，但是除了扎兰屯、阿荣旗和莫力达瓦旗外，其他旗县蒙古族以外的少数民族人口均较少，因此此数据不影响结论）。

第二节　内蒙古半农半牧区经济发展现状

一　内蒙古半农半牧区概况

半农半牧区土地总面积为 15.31 万平方公里，占全区土地面积的 12.9%；总人口为 710 万，占全区总人口的 28.6%，少数民族人口占 24%，比全区少数民族比重高 4 个百分点，平均人口密度为 47 人/平方公里，高出全区平均值 26 个百分点；耕地面积为 294.02 万 hm²，人均耕地面积 0.4hm²，粮食总产量为 1263.7 万吨，人均粮食产量 1.8 吨；2013 年，实现地区生产总值 5295 亿元，人均地区生产总值达 74590.6 元，比全区平均值高 7092.6 元；农林牧渔业总产值为 921.13 亿元，人均产值为 12975 元；工业总产值为 57725 亿元，人均产值为 81310.1 元；第三产业总产值为 1816.4 亿元，人均产值为 25585.1 元。财政收入 359.8 亿元，人均收入 5068.2 元；农牧民人均纯收入达 8101.8 元，比全区农牧民人均纯收入低 494 元。2013 年年末大牲畜存栏头数达 2215.408 万头，人均 3 头①。

二　内蒙古半农半牧区经济发展现状

（一）生产投入增加，经济增长稳定

本世纪以来，在中央政府的各种强农惠农政策的大力扶持下，内蒙古半农半牧区经济发展加快，生产力水平不断提高。尤其是，由中央政府实施的基础设施建设、退耕还林还牧、购机补贴等惠农政策，极大地推动了半农半牧区畜牧业棚圈建设和改造、草场维护、耕田保护和改良以及农资农机等农牧业基础设施的改善，整个半农半牧区的经济发展有了很大进步（见表 3-2）。

表 3-2　　　　　　　半农半牧区与全区农牧业生产的比较

地区	劳动力数量（万人）	农业从业者人均耕地面积（公顷）	每公顷耕地机械动力（千瓦）	每公顷耕地化肥投入量（千克）	有效灌溉面积比重（%）
半农半牧区	285.95	1.04	4.30	291.00	41.20
内蒙古	552.0	2.0	3.76	222.00	56.60

资料来源：根据《内蒙古统计年鉴》（2014）数据整理所得。

---

① 根据《内蒙古统计年鉴》（2014）数据计算而得。

对数据分析发现，半农半牧区的经济总量稳定增长（见图3-1），但是其增长速度，从2008年开始，连续3年出现下降趋势，2011年增速有所回升，2012年又出现明显的下降趋势，比全区生产总值增速的下降幅度大（见图3-2）。

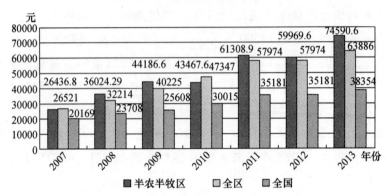

图3-1 半农半牧区与全区人均生产总值的比较①

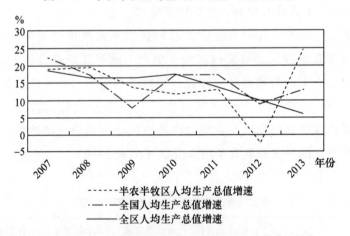

图3-2 半农半牧区与全区人均生产总值增速的比较②

在化肥投入量和农业机械化程度不断提高的前提下，第一产业劳动生产效率有明显的提高（见图3-3）。从2005年到2013年，劳动生产效率翻倍提高。

---

① 根据《内蒙古统计年鉴》（2008—2014）数据计算所得。
② 同上。

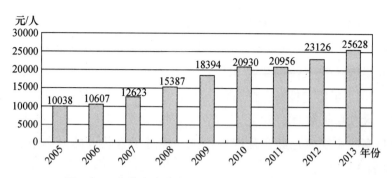

图 3 - 3　内蒙古半农半牧区第一产业劳动生产率①

（二）耕地面积保持稳定，粮食产量逐年提高

内蒙古作为国家粮食生产基地，粮食产量逐年提高。半农半牧旗县的粮食总产量占全区粮食总产量的一半，而耕地面积只占全区总耕地面积的41.2%。2006—2013 年，粮食播种面积基本没变，粮食产量却增加89.4%，并且单位面积粮食产量逐年提高（见图3 - 4）。8 年时间，由2.5 吨/公顷，提高到5.7 吨/公顷，单位面积产量提高了128%，平均每年提高了10 个百分点。（见表3 - 3）

表 3 - 3　　　　　2006—2013 年半农半牧区粮食生产状况

	2006	2007	2008	2009	2010	2011	2012	2013
播种面积（万公顷）	295	281	286	289	299	351	294	250
粮食产量（万吨）	746	878	1025	952	1145	1143	1264	1413

资料来源：根据《内蒙古统计年鉴》（2007—2014）数据整理所得。

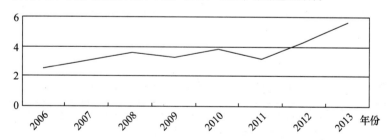

图 3 - 4　半农半牧区单位面积粮食产量变化

资料来源：根据《内蒙古统计年鉴》（2007—2014）数据计算所得。

---

①　根据《内蒙古统计年鉴》（2006—2014）数据整理所得。

（三）畜牧业发展较快，产业化程度提高

在国家为促进农区畜牧业发展而实施的惠农政策的有力支持下，半农半牧区农牧民的生产积极性大大提高，畜牧业有了较快的发展。2013 年年末牲畜存栏头数比较稳定，牲畜总头数为 2215 万头，其中大牲畜头数为 255 万头，畜产品肉产量为 73.6 万吨。其主要原因是畜牧业规模化经营程度的提高，促进了畜牧业的内涵型发展。（见表 3 - 4）

表 3 - 4　　　　2005—2013 年半农半牧区畜牧业发展状况

	2005	2006	2007	2008	2009	2010	2011	2012	2013
牲畜存栏（万头）	2100	2227	2109	2078	2232	2259	2212	2203	2215
牲畜肉产量（万吨）	64.1	77.2	69.6	74.1	80.5	77.7	81.5	72.3	73.6
大牲畜存栏（万头）	326	349	252	269	253	259	264	259	255
大牲畜肉产量（万吨）	9.6	10.5	13.56	12.8	14.9	14.3	14.4	15.6	14.2

　　资料来源：根据《内蒙古统计年鉴》（2006—2014）数据整理所得。

（四）农牧民收入增长较快，生活水平不断提高

从表 3 - 5 的数据看，半农半牧区农牧民收入从 2007 年的 4147.9 元提高到 2013 年的 8101.8 元，增长了 95.3%，年均增长近 17%。

表 3 - 5　　　　2007—2013 年半农半牧区农牧民收入状况

	2007	2008	2009	2010	2011	2012	2013
人均纯收入（元）	4147.9	4869.9	5437.9	6083.6	7117.1	7662	8101.8
人均收入增幅（%）	13.1	21.9	9.2	10.4	17.1	7.7	5.7

　　资料来源：根据《内蒙古统计年鉴》（2008—2014）数据整理所得。

第三节　内蒙古半农半牧区经济发展中存在的问题及原因分析

一　半农半牧区经济发展中存在的问题

（一）经济与生态发展不协调

1. 人地矛盾突出，劳动力转移困难

不管是种植业经济还是畜牧业经济，人地矛盾是最基本的矛盾。而人地矛盾的本质是资源分配关系的不协调，人多地少引起的人与人之间的利益分配的矛盾，从民族地区的历史经验来分析，人地矛盾激化到一定程度很可能会转变成民族矛盾。

按联合国提出的标准，干旱地区和半干旱地区的人口密度（人口控制临界线）分别为 7 人/平方公里和 20 人/平方公里，而内蒙古大多数地区早已超过了这一标准。统计数字显示，与 20 世纪 70 年代相比，仅通辽市乡村人口就增加了 52.6 万[1]。半个世纪之前，该地区曾经水草丰美，牧场肥沃，牛羊肥膘，牧民生活安逸，人们"逐水草而牧，行无定居"。而现在内蒙古半农半牧区各旗县人口密度都很高，其平均人口密度已达到 47 人/平方公里，比全区平均值高 26 个百分点。

如此的人口密度自然对草场和耕地带来很大的压力。正如马克思所说，"经济学所研究的不是物，而是人和人之间的关系，归根到底是阶级关系，可是这些关系总是同物结合着，并且作为物出现"[2]。人地矛盾的实质就是人和人的关系，是人与人之间的利益分配而引起的矛盾问题。

---

① 敖教：《通辽市沙地治理与经济可持续发展研究》，《内蒙古民族大学学报》2011年第 3 期。

② 马克思：《政治经济学批判》，《马克思恩格斯选集》（第 2 卷），人民出版社1972 年版，第 123 页。

表 3 - 6 　　　　　　　内蒙古半农半牧区人口密度统计表

地区	总人口（万人）	总面积（平方公里）	人口密度（人/平方公里）	地区	总人口（万人）	总面积（平方公里）	人口密度（人/平方公里）
扎兰屯市	42.18	16785	25	敖汉旗	60.74	8294	73
阿荣旗	33.11	11073	30	太仆寺旗	21.21	3426	62
莫力达瓦旗	33.05	10356	32	察右中旗	22.36	4200	53
科右前旗	33.91	17428	19	察右后旗	21.47	3803	56
扎赉特旗	39.75	11837	34	东胜区	26.9	2526	106
突泉县	31.47	4800	66	达拉特旗	36.24	8241	44
科尔沁区	85.67	3385	253	准格尔旗	31.47	7551	42
开鲁县	39.81	4488	89	伊金霍洛旗	17.02	5487	31
库伦旗	18.04	4714	38	磴口县	12.25	4167	29
奈曼旗	44.78	8120	55	乌拉特前旗	34.41	7476	46
林西县	24.09	3933	61	半农半牧区	710	152090	47

资料来源：根据《内蒙古统计年鉴》（2014）的数据计算所得。

半农半牧区的土壤、气候和植被等自然条件决定了该地区人口承载能力极低。然而，因历史、制度等多种原因，导致现今半农半牧区的人口增长加速，人口压力越来越大，人地矛盾越来越严重。在人地矛盾加重的条件下，盲目扩大开垦面积，盲目追求高产量，进行掠夺性的开垦和生产，使原本的大自然发展规律遭到严重的破坏，大自然内部的运行机制和生物链条受到毁坏。以内蒙古林西县为例，该县的开垦运动高潮是在20世纪五六十年代发生的。在全国社会主义建设中，当时的内蒙古典型牧区林西县，开垦了大面积的牧场，变为耕地，其面积达到了100多万亩。

从2000年以来，内蒙古各地区陆续实施休牧禁牧政策，截至2010年，内蒙古自治区对近7亿亩草原实行休牧禁牧，约占全区草原总面积的 53%①。这些政策虽然对恢复生态、改善环境起到了一定的作用，但同时，影响了农牧民收入的增加。国家退耕还林、退耕还草等政策补贴，在提高农牧民政策性收入的同时，也减少了农牧民经营性收入。国家实施的围封禁牧政策，虽然有利于植被的恢复和生态的改善，同时也加剧了原本紧张的人地矛盾。

相对剩余劳动力的转移就业是解决人地矛盾的最直接最迅速的措施。但是，因为语言文字上的障碍和民族文化风俗习惯上的差距，导致半农半牧区剩余劳动力的转移非常困难。

2. 草场退化严重，草畜矛盾加剧

生态环境恶化的主要表现是耕地和草场的"三化"。根据有关统计数据计算，目前，内蒙古半农半牧区拥有天然草原面积 626.61万 hm²，比 20 世纪 80 年代减少了 125.39 万 hm²。可利用草地面积为 568.22 万 hm²，比 80 年代减少了 63.49 万 hm²。而与此同时，"三化"面积却比 80 年代增加了 113.66 万 hm²，增加了 31%②。在内蒙古全区范围内，草原退化最严重的是半农半牧区，在退化面积和退化程度上均为最严重。目前，半农半牧区的天然草原已有 76%的面积出现不同程度的退化，而牧区的天然草原退化比例则是62.52%；半农半牧区可利用草场的退化比例更是高达 84%③。除呼伦贝尔市阿荣旗、莫力达瓦达斡尔族自治旗和扎兰屯市外，其他旗县草地退化、沙化、盐渍化面积均在 50%以上，最严重的是锡林郭勒盟太仆寺旗"三化"面积为 96.28%④。除此之外，部分半农半牧旗县也存在着严重的荒漠化现象，如准格尔旗、奈曼旗、库伦旗、敖汉旗等。因此，内蒙古半农半牧区经济发展迫在眉睫的是解决该地区生态环境恶化的问题。

---

① 《今年内蒙古近 7 亿亩草原实行禁牧休牧》，http：//news.163.com/10/0701/19/6AHHLAOJ000146BD.html.

② 王云霞、曹建民：《内蒙古半农半牧区草原退化与合理化利用研究》，《内蒙古农业大学学报》（社会科学版）2010 年第 3 期。

③ 同上。

④ 付桂军：《内蒙古半农半牧区生态经济模式构建》，《北方经济》2009 年第 5 期。

在草场面积既定的前提下，随着牧区人口的不断增加，牧畜数量也必须有相应的增加，以满足和维持新增加人口的生存需要。而正因满足新增人口生存需要而增加的牲畜数量又进一步加剧了草畜矛盾以及人畜矛盾。根据农业部监测，2008 年全国 264 个牧区、半农半牧县（旗）中，120 个处于超载状态，平均超载率为 33.58%。其中牧区县的平均超载为 27.37%，而半农半牧县的平均超载率为 42.07%[1]。要将半农半牧区人口密度高、草畜矛盾激烈、成本高等现象转变难度远比牧区大，这也是牧区和半农半牧区实行草畜平衡政策的难点。必须要加大饲料和秸秆养殖力度，减少对天然草场的压力，以保护草原，保持草原生态系统的稳定性和平衡性。20 世纪 60 年代初，内蒙古全区草地载畜量为 9274 万羊单位。1965 年牧畜数量达 7386 万羊单位，是理论载畜量的 80% 左右。80 年代全区草地载畜量下降为 5475 万羊单位，但是 1990 年牧畜载畜量却达 7900 万羊单位，超载 2400 多万羊单位。[2] 对于畜牧业经济来说，牲畜就是直接的生产成果。随着半农半牧区人口的增多，畜产品的需求也必然增多。尤其是在商品经济的促动下，人们无止境地追求经济利益，盲目追求牲畜头数，引来了草畜矛盾。

半农半牧区的草畜矛盾引发的主要原因是耕地扩大，耕地侵占牧地，使草场减少。因在不宜耕种的草地上强制性进行耕种而引起的土地沙化、退化是草畜矛盾产生的直接原因。随着农耕范围和沙化退化面积的不断扩大，单位面积草场所要承载的牲畜头数越来越超过其负荷，导致草畜矛盾和人地矛盾愈演愈烈。新中国成立初期，伊克昭盟（现在改为鄂尔多斯市）的草场载畜量为 54 亩一个羊单位，到改革开放初期草场载畜量下降到 12 亩一个羊单位[3]。

---

① 徐斌、杨秀春等：《中国草原牧区和半牧区草畜平衡状况监测与评价》，《地理研究》2012 年第 11 期。

② 陈文：《草原畜牧业经济研究》，内蒙古大学出版社 1992 年版，第 13—14 页。

③ 包玉山、周瑞：《内蒙古草原牧区人地矛盾的加剧及缓解对策》，《内蒙古大学学报》（人文社会科学版）2001 年第 2 期。

3. 生态保护政策的实施与经济利益行为间的博弈不断

土地作为基本的农业生产资料，任何时候任何区域均为最核心的问题。尤其在有效利用面积越来越减少的半农半牧区，土地资源是一切矛盾的根本原因。因草场退化，生态恶化，中央政府实施了各种恢复和改善生态环境的政策。这对于广种薄收来维持生产，提高收入的半农半牧区农牧民来说，带来了直接经济利益的损失。政府实施的围封禁牧等生态保护政策很难达到预期目的。围封禁牧、退耕还林、退耕还草等政策，促使耕地面积和草场面积相对减少。例如，启动退耕还林工程 10 年来，库伦旗累计完成退耕还林 63.78 万亩，是现有耕地总面积的 47.5%。

为了经济利益，部分农牧民采取在禁牧区偷牧来弥补因为改善生态而放弃的耕田和草场损失。从直接经济收入对比，虽然退耕还林还草和围封禁牧都有相应的损失补贴，但远不如放牧或耕地获得的收入高。目前，自治区退耕还林补贴标准为每年每亩 80—90 元，生态林木材收入每年每亩 280—390 元。而玉米等农作物收入，每年最低达到每亩 700—800 元，相比之下农牧民肯定选择后者。而耕地减少，草场被封禁之后，有的农牧民在封禁草场内偷偷放牧，与监管人员进行博弈。有的地区政策实施扭曲，将农牧民上好的耕地纳入退耕还林范围内，使得农牧民冒着反抗政策的风险，将林地又更改为耕地，想尽办法提高经济收入。

总之，还有林牧矛盾、农林矛盾等都影响着半农半牧区的村际关系和人际关系，影响着社会经济协调发展，影响社会的稳定。

（二）经济增长缓慢，产业结构不合理

1. 农牧业经营方式落后，经济效益差

近几年，虽然在各级政府的大力扶持下，棚圈改良、草场建设以及相关的设备物资机械（包括铁丝网围栏、水泥杆、刺丝、农用车、青贮粉碎机、机井、割灌机、输水管道及喷灌设施）出现在半农半牧区，但其应用和管理水平很低，往往没等收回机器成本，机器就该淘汰了，使得农牧户实际得到的实惠并不大，基础设施的完善和普及化受到很大的影响。另外，农机的成本大，只用于一两户的农业生产很显然是浪费，而要满足更多农牧户的生产需要，也往往做不到。因为，有一户农牧民投入大量资金（包括贷款）购买农机，又有农户看重这一块收入，也投入大成本，购买农机，结果两家甚至几家分割一个村几十户的生产需要，会出现供过于求的现象。而农机成本的回收更困难。

除了少数地区的生产条件较好以外，内蒙古大部分半农半牧区土地和草场质量低下，全年降雨量少，种植物生长期短，生产条件极差。在这样的条件下，该地区农牧民以广种薄收来保证生产和生活。再加之农牧业水利设施普遍落后、农作物种类单一、新品种缺乏、种植技术差，农牧业生产能力和抗灾能力较低。笔者调研的半农半牧区绝大部分家庭以农业为主，农牧民的年人均收入为5000元左右。基本上靠天养殖和种植。据了解，原因有三：第一，半农半牧区的地势地形制约着灌溉设施和播种机、收割机的运用。第二，虽然有些农民想进行这方面的建设投资，但是缺乏资金。很多人虽然已经着手投入建设了，但由于资金问题不能顺利实现自己的愿望，一到冬季还得外出打工。第三，思想保守，缺乏创新意识，抗风险能力低下。这主要与农牧民所受教育和了解及把握国家政策机遇能力低有关。

2. 农牧业生产波动大，农畜产品附加值低

内蒙古农牧业发展宏观环境良好。特别是"随着国家西部大开发、振兴东北等老工业基地战略、国家支持内蒙古发展和强农惠农政策及自治区推进非资源型产业发展政策的实施，为内蒙古农畜产品加工业发展创造了良好的政策条件"[1]，尤其在自治区"十二五"规划中强调，"要继续巩固伊利、蒙牛、鄂尔多斯等领军企业的优势地位，重点在肉、粮油、马铃薯、蔬菜（瓜果）、饲草饲料和特种生物资源及沙产业深加工取得突破性进展，培育新的领军企业，形成一大批在全区乃至全国有较大影响力和市场占有率的农畜产品

---

① 崔楠：《内蒙古奋力向农畜产品加工强区挺进》，《内蒙古日报》2011年12月14日，第7版。

加工企业和驰名品牌。"①

农牧业生产的波动性强。雨水好的年份丰收,而碰到干旱年份就会大大减产。例如,内蒙古通辽市牲畜头数由2001年的450.1万头(只)猛增到2012年的1090.89万头(只),每年平均增长14%。但是,半农半牧区养殖业仍然属于成本高、经营分散、粗放型的,农牧民持续稳定增收的机制尚未形成。目前,实现由数量型畜牧业转向质量效益型畜牧业已成为半农半牧区的重要任务。除了少数养牛养羊专业户以外,大部分农户只是以副业形式经营家庭养殖业,而其市场化、商品化程度都很低。笔者走访的库伦旗和奈曼旗大部分小型家庭养殖业的出栏率和商品化程度才达到60%左右。

3. 收入差距扩大,贫困化问题仍严重

首先,半农半牧区和农区之间的收入差距大。2012年,半农半牧区人均农牧民纯收入为7662元,虽然比全区平均值略高,但比农区低752元;城镇居民可支配人均收入为22648.42元,比全区平均值低502.08元。其次,半农半牧区内部各旗县之间的收入差距也很明显。2012年,半农半牧区农牧民人均纯收入最低为4861元(突泉县),而最高为7964元(科尔沁区),差距近2倍。城镇居民可支配收入最低为13732元(突泉县),最高为34604元(准格尔旗),差距为2.5倍(见表3-7)。再有,收入差距不断扩大,出现了致贫返复现象。2012年,内蒙古31个国家级贫困县中,11个是半农半牧区旗县,占半农半牧旗县的52.4%,占全区国家级贫困县的35.5%。

近年来,在我国因收入分配不均和贫困化问题而导致心理扭曲,采取极端行为的事件屡见不鲜。如果这样的问题发生在少数民族聚居的半农半牧区,很有可能发展成为民族矛盾。因此,通过各种途径将收入差距缩小是半农半牧区的当务之急。

---

① 崔楠:《内蒙古奋力向农畜产品加工强区挺进》,《内蒙古日报》2011年12月14日,第7版。

表 3 - 7　　　　内蒙古半农半牧区各旗县居民收入情况　　　单位：元

地区	农牧民人均纯收入	城镇居民人均可支配收入	地区	农牧民人均纯收入	城镇居民人均可支配收入
扎兰屯市	10770	22759	敖汉旗	7186	18814
阿荣旗	11505	25073	太仆寺旗	7494	23619
莫力达瓦旗	6714	15914	察右中旗	5676	19095
科右前旗	6360	17558	察右后旗	7282	19275
扎赉特旗	6280	17545	东胜区	—	33707
突泉县	6119	17108	达拉特旗	12020	28928
科尔沁区	12059	23376	准格尔旗	12128	33612
开鲁县	9985	19387	伊金霍洛旗	12128	33605
库伦旗	6972	16928	磴口县	11268	20301
奈曼旗	7209	17658	乌拉特前旗	11026	20163
林西县	6148	18512	全区	8596	25497

资料来源：《内蒙古统计年鉴》（2014）电子版。

（三）经济发展与社会发展不协调

经济发展与社会发展协调的重要表现是经济发展能带动社会事业的发展。半农半牧区经济发展与社会事业发展不协调，满足不了城乡居民日益增长的物质与精神需求。具体表现在以下几个方面：

1. 经济增长与城乡居民收入增长不一致

表 3 - 8 各组数据说明，虽然半农半牧区的经济高速增长，但并未带来当地居民收入的同步增长（见图 3 - 5）。并且，城乡收入增长速度也存在差距（见图 3 - 6）。这将会严重影响到半农半牧区消费水平的提高，因而半农半牧区各种生产经营和社会教育投入、社会医疗保健水平的提高，均会受到影响。

表 3 - 8　　内蒙古半农半牧区与全区、全国城镇经济发展比较

	指标名称	2007 年	2008 年	2009 年	2010 年	2011 年	2012 年	2013 年
半农半牧区	人均生产总值（元）	26436.8	36042.9	44186.6	43467.6	61308.9	59969.6	74590.6
	增长速度（%）	18.9	19.6	13.8	11.7	13.0	-2.2	24.4
	农牧民人均纯收入（元）	4147.9	4869.9	5437.9	6083.6	7117.1	7662	8101.8
	增长速度（%）	13.1	21.9	9.2	10.4	17.1	7.7	5.7
	城镇居民人均可支配收入（元）	10494.7	12387.1	14832	16767.7	16554.3	22651	25209.6
	增长速度（%）	16.1	17.3	13.5	12.2	14.5	36.8	11.3
全区	人均生产总值（元）	26521	32214	40225	47347	57974	63886	67836
	增长速度（%）	18.6	16.7	16.5	17.7	13.8	10.2	6.2
	农牧民人均纯收入（元）	3953	4656	4938	5530	6642	7611	8596
	增长速度（%）	18.3	17.8	6.1	12	20.1	14.6	12.9
	城镇居民人均可支配收入（元）	12378	14431	15849	17698	20408	23143	25497
	增长速度（%）	19.5	16.6	9.8	11.7	15.3	13.4	10.2
全国	人均生产总值（元）	20169	23708	25608	30015	35181	38354	43320
	增长速度（%）	22.2	17.5	8.0	17.2	17.2	9.1	12.9
	农牧民人均纯收入（元）	4140	4761	5153	5919	6977	7917	8896
	增长速度（%）	9.5	15	8.2	14.9	17.9	13.5	12.4
	城镇居民人均可支配收入（元）	13786	15781	17175	19109	21810	24565	26955
	增长速度（%）	12.2	14.5	8.8	11.3	14.1	12.6	9.7

资料来源：根据《内蒙古统计年鉴》（2008—2014）电子版整理所得。

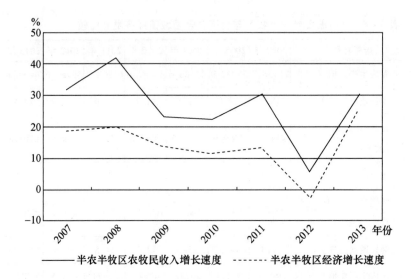

图 3 - 5　半农半牧区经济增长速度与农牧民收入增长速度比较

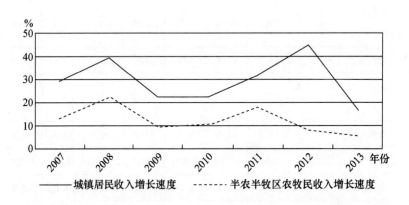

图 3 - 6　半农半牧区城镇居民及农牧民收入增长速度比较

2. 卫生医疗事业发展滞后

在半农半牧区卫生资源的安排严重不足，看病难、看不起病的现象依然未得到有效的解决。从内蒙古部分半农半牧区的调研情况来看，公共服务水平很低。被调查的农牧户中，绝大多数农牧民得了小病不去医院看，自己买些药吃或者等待病情自行好转的现象普遍存在。

表 3 - 9　　　　对内蒙古部分半农半牧区卫生医疗情况调查　　　单位：%

地区	有病不看或自己买药吃	医生建议住院但不住院	对乡村医院不满意的原因			
			服务态度差	技术水平低	收费不合理	其他原因
库伦旗	91.4	62	24.3	36	23.3	18.4
奈曼旗	90.2	67	18.5	41	21.8	18.7

资料来源：笔者对库伦旗芒汗苏木 4 个嘎查和奈曼旗大沁他拉镇 2 个嘎查调查数据整理所得。

在半农半牧区的卫生事业内部配置上，存在着严重的错误倾向。对于居民医疗保障方面的投入和重视度远远高于防保方面的重视度和投入力度。即在对待医疗保健问题上，往往倾向于病后治疗，不注重防病保健，从而在防病与治病的投入比例上严重失调。因为对"防"上的投入比例明显小，这样间接地加大了"治"上的投入压力。

表 3 - 10　　　　内蒙古半农半牧区和全区医疗资源情况比较

地区	每千人口所拥有的医院和卫生院（所）	每千人口所拥有的床位（张）	每千人口拥有的卫生技术人员（人）
阿荣旗	0.91	2.87	2.39
莫力达瓦旗	1.04	2.78	3.34
扎兰屯市	0.70	4.05	5.09
科右前旗	1.34	3.38	4.64
扎赉特旗	0.89	2.92	2.70
突泉县	1.08	2.52	3.12
科尔沁区	0.93	8.00	7.76
开鲁县	0.15	2.22	2.74
库伦旗	1.10	3.42	3.57
奈曼旗	0.10	1.73	2.89
林西县	1.06	4.54	4.68
敖汉旗	1.05	2.95	3.19
太仆寺旗	0.99	1.66	2.00

续表

地区	每千人口所拥有的医院和卫生院（所）	每千人口所拥有的床位（张）	每千人口拥有的卫生技术人员（人）
察右中旗	0.97	1.43	1.17
察右后旗	0.74	1.09	2.20
东胜区	1.60	15.25	23.2
达拉特旗	0.82	3.48	5.34
准格尔旗	0.82	5.45	7.81
伊金霍洛旗	1.21	4.55	7.91
乌拉特前旗	0.74	3.56	4.10
磴口县	1.02	4.48	4.49
全区	0.93	4.81	6.01
全国	0.72	4.54	5.27

资料来源：根据《内蒙古统计年鉴》（2014）电子版数据整理所得。

从表 3 - 10 中数据不难发现，大部分半农半牧区的医疗资源拥有率明显低于全区水平。而全区水平与全国相比研究指标明显偏高，这是因为内蒙古人口密度比较低，而且内蒙古农村牧区人口密度比其他地区农村人口密度更低，从而总体上将人均拥有医疗资源的数量相对提高了一些，但不足以影响问题分析结果。

3. 教育事业发展相对落后

内蒙古绝大部分半农半牧旗县都是国家级或自治区级贫困旗县，农牧民收入普遍偏低，个人或家庭对于教育的投入相对低，因而教育发展相对滞后。

表 3 - 11　　　　内蒙古半农半牧区每 10 万人口中在校学生数　　　单位：人

地区	小学	初中	高中
阿荣旗	5078	2013	982
莫力达瓦旗	4616	1977	968
扎兰屯市	4097	2037	806
科右前旗	4054	1732	929

续表

地区	小学	初中	高中
扎赉特旗	4712	1867	916
突泉县	4190	1871	1342
科尔沁区	7092	3007	3144
开鲁县	5548	2842	1788
库伦旗	5938	2257	1276
奈曼旗	5596	2831	1886
林西县	5663	2740	1917
敖汉旗	5352	2604	2177
太仆寺旗	2328	1517	1238
察右中旗	2038	2037	914
察右后旗	3343	1547	715
东胜区	12307	5750	5164
达拉特旗	5373	2603	1630
准格尔旗	7340	3444	1793
伊金霍洛旗	5784	2323	1239
乌拉特前旗	3841	2672	1741
磴口县	3384	1960	1610
半农半牧区	6173	2807	1594
全区	5263	2765	3048
全国	6913	3279	3227

资料来源：根据《内蒙古统计年鉴》（2014）相关数据整理所得。

上表数据显示，半农半牧区高中在校生数量高于全国数量，其余指标均低于全国水平。半农半牧区各旗县之间的教育发展程度也有很大差距。东胜区在校高中生数量为察右后旗的 7 倍多，而东胜区的在校初中生数量为扎赉特旗的 3 倍多。

4. 地方政府转移支付能力低，社会保障体系不健全

内蒙古半农半牧区普遍存在社会保障体系不健全的问题。社会保险的覆盖率低、社保基金支付能力弱，统筹层次偏低。首先，新型医疗保险制度的实施覆盖率较高，但保障水平很低。2006 年底，新型农村合作医疗制度普及全区，因地方财政能力的不同，各个旗县合作医疗的保障标准也有所不同。2012 年，准格尔旗农牧民的合作医疗保险参合率为 95% 以上，平均报销比例达到 75% 左右，报销封顶线达到 12 万元（蒙古族患者为 15 万元）。而农牧民收入最低的突泉县的农村合作医疗保险参合率为 90% 以上，平均报销比例达到 71%，报销封顶线达到 6 万元。该项制度在实施过程中存在报销程序烦琐、异地报销难度大、报销封顶线低等问题，其保障率有待提高。其次，养老保障制度不健全，新型养老保险的参保率低。随着城市化、工业化的进程，以家庭为基础的传统的养老保障模式，受家庭规模的变化、劳动力流动和农牧民思想意识的变化等影响，受到了挑战，而新型养老保险制度的发展还刚刚起步。根据调查，半农半牧区的养老保险以自愿原则实施，参加养老保险的农牧民不到三分之一，而参加养老保险者 70% 以上是 45 岁以上的农牧民。农牧民的养老保险意识还很低，很多年轻人觉得没必要投保，投养老保险还不如进行投资。

二　问题的原因分析

影响半农半牧区经济发展的主要因素包括自然、社会和政策制度等几个方面。其中，自然因素是关键原因，社会因素是主要原因，制度影响则是重要原因。

（一）自然层面的原因

自然因素是影响地区经济尤其是落后地区经济的重要因素。而土壤条件、气候、降水量和无霜期等自然因素，对于农牧业发展来说更是重要。土壤条件是决定生产力和生产方式的基础条件。内蒙古半农半牧区的土壤条件大部分都较差。越往西土壤性质越疏松，越易受风蚀，土地自我修复能力越差，越不易开垦。很多半农半牧区地区生态恶化正是违背了自然规律，加之忽略恢复和保护土壤的

投入。气候是导致草地退化的一个重要的基础性因素。[1] 根据王云霞对内蒙古半农半牧区气候与自然生态之间的关系研究，各旗县的生态和畜牧业发展情况因降水量的不同彼此间有很大区别。因此得出的结论是降水量和牧草生长程度之间具有必然联系。但从半农半牧旗县近40年的历史观察，其降水量的变化在不同旗县间有一定差异，但是21个旗县年平均降水总量没有明显的变化，旗县之间年降水量的差异也没有明显变化。因此，总体上看20世纪80年代以来该区域的草地退化与降水变化没有显著的相关关系[2]。很显然，半农半牧区生态恶化，土壤质量退化的决定性因素不是降水量，但降水量少是不可忽视的影响因素之一。不易开垦的土壤脆弱性是半农半牧区生态环境恶化的基础性因素。

（二）社会层面的原因

半农半牧旗县草场退化与人类不合理的活动是密不可分的。据专家测算，草场退化的成因中，人类过度放牧占28.3%，过度农垦占25.4%，过度樵采占31.8%。三者中，过度农垦是过度放牧、过度樵采的原因。因为滥垦草原和过度农垦，直接导致草场面积的缩小，加剧了草畜矛盾和人畜矛盾。为了解决草畜矛盾和人地矛盾，牧民不得不过度放牧，尤其是涌入草原的大批农耕群体为了解决取暖烧饭问题，进行了过度樵采。因此，开垦草原是内蒙古牧区、半农半牧区草场退化、草地资源减少的根本原因。

1. 人口增长过快是草场退化的重要原因

据统计，1947年，半农半牧区人口为170万人，而到2013年，增加到710万人，是1947年人口的4.2倍[3]。人口的增加自然会导致人均资源拥有率的下降，人均耕地面积、人均草场面积、人均收

---

① 张国胜、李林等：《青藏高原气候变化及其对高原草甸牧草生长影响研究》，《草业学报》1999年第3期。

② 王云霞、曹建民：《内蒙古半农半牧区草原退化与合理化利用研究》，《内蒙古农业大学学报》（社会科学版）2010年第3期。

③ "170万人口"是引用自王云霞、曹建民论文，"730万人口"是根据《内蒙古统计年鉴》（2014）数据计算所得。

入、人均公共产品等均会下降。而人们为了生存、为了更好地生活，甚至会以滥垦、滥伐、滥牧等方式向大自然索取，向草原掠夺。这样的生产生活方式自然加大了草原的压力，例如内蒙古莫力达瓦旗，2013 年的人口比 1985 年增加了 71.3%，而草地的"三化"面积比重则由 14% 增加到 17%。人口的增加导致草地开垦的扩大，该旗 1985 年的耕地面积约为 12.34 万 hm^2，而到 2013 年耕地面积达到了 33.67 万 hm^2，提高了将近 3 倍。而草地面积则从 35.7 万 hm^2 下降到 17.75 万 hm^2，减少了约 50%[①]。很明显，人口增多自然产生人地矛盾，只要没有人口政策的制约，人们肯定选择扩大土地和草场的利用率，解决人地矛盾，从而使草地矛盾和草场恶化之间具有正相关关系，最终，人口与草地退化之间也有正相关关系。内蒙古农区和牧区也同样存在这样的问题，但半农半牧区更为显著。笔者走访调查的库伦旗芒汗苏木（传统半农半牧区）和白音花苏木（偏农区）之间的总体发展情况有明显的差距。在近些年退耕还林政策的诱导下，虽然半农半牧区的生态环境、农牧民生产生活状况有所好转，但是与农区和牧区相比差距还是较大。

2. 过度放牧是半农半牧区草原退化和生产力下降的直接原因

农牧民收入主要来源于畜牧业，而传统畜牧业方式是以靠牲畜头数的增加来实现畜牧业的发展。因此，自治区成立以来的 65 年中，半农半牧区的牲畜头数增长速度比人口速度还快，人口是增长了 4 倍多，而牲畜规模的扩大速度为 17 倍多。因此，过度放牧是草原退化的最直接原因。1947 年，内蒙古半农半牧区的牲畜数量为 178.78 万头（只），到 2012 年末为 3078.62 万头（只），比 1947 年增加了近 17 倍。很明显，可利用草地面积是有限的，相对有限的草地资源而言，因人口的增加而不断增加的牲畜数量是无限的，反过来，由于人们的盲目垦殖，半农半牧区的草地面积在不断减少，这自然致使过度放牧成为普遍现象。笔者所调研的半农半牧区，很

---

① 本组数据是根据王云霞、曹建民《内蒙古半农半牧区草原退化与合理化利用研究》当中整理的数据，结合《内蒙古统计年鉴》（2014）的相关数据整理所得。

多农牧民为了逃避政府的监督和惩罚，深夜将牛羊赶到禁区内放牧。这样的上有政策下有对策的博弈，使保护草场防治退化的成本居高不下，草场退化的现象很难得到根本上的解决。因此，目前在半农半牧区的 21 个旗县均有过度放牧现象；有的过度放牧程度普遍在 5 倍以上，平均在 10 倍左右，最高的达到 20 倍。

3. 半农半牧区草业发展滞后，与牧草需求相脱节

从发达国家的情况来看，人工草场比例均较高，通常占草场总面积的 10% 以上。因为人工草场的产草量比较高，比天然草场的产量高 4—5 倍。因此，发达国家投入很多资金来建设人工草场。例如，美国的人工草场占天然草场的 15%，俄罗斯占 10%，荷兰、丹麦、英国、德国、新西兰等国人工草场占草地总面积的 60%—70%[①]，而我国仅为 2% 左右，内蒙古人工草地面积则仅为 1.45%。虽然国家出台实施的减免农业税、粮食补贴、退耕还林、退耕还草等一系列惠农政策不同程度地推动了草产业的发展，但其发展进度极其缓慢，因此人工草场在牧草产量中的比重很小，根本达不到减轻天然草场的压力的效果。值得注意的是，因退耕还林和退耕还草补贴额度上的差距，导致农牧民追逐补偿利益而毁草种粮、毁草种树的现象时有发生，使得半农半牧区人工草场面积明显下降，影响了草产业的发展。因为，退耕还林每亩每年补贴 160 元，连续补贴8 年，每亩退耕地可获得补贴 1280 元；退耕还草地只是每亩一次性补贴 60 元，不及退耕还林补贴额的零头。此外，人工草场建设过程中，因农牧民受教育程度和职业技能素质的低下、种草技术和草场管理效率差而导致产草量低下、品质退化，致使农牧民失去培植人工草场的兴趣，只能靠天然廉价的草场和秸秆饲料等资源来发展畜牧业。因此，高蛋白质含量的人工草虽然在国外畜牧业大国受青睐，但在内蒙古牧区和半农半牧区很难被接受，以致人工草场建设速度始终滞后于牲畜头数增长速度。

---

① 张立中：《中国草原畜牧业发展模式研究》，中国农业出版社 2004 年版，第102—103 页。

（三）制度层面的原因

半农半牧区目前的发展现状及其问题的深层次原因在于农牧业经营体制、国家的各项政策和法律法规等制度。

1. 农牧业经营体制自身的缺陷

新中国成立以来，半农半牧区经营体制有过三次变革。而20世纪80年代实施的模仿农区家庭联产承包责任制改革进行的"牲畜承包到户"的土地产权改革是第二次改革。90年代，为了解决"公地"悲剧，国家对牧区和半农半牧区进行了草畜双承包改革，形成了"双权一制"的经营机制，这是第三次改革。把牲畜的所有权和经营权交给牧民，让牧民有偿使用牧场。在当初的人民公社时期因缺乏激励机制而导致的效益低下的情况下，起到了积极的推动作用。第二次改革虽然能调动牧民的积极性，使畜牧业生产力大有提高，但是，经济效益的提高却是以严重的生态效益为代价的。第二次改革中草场所有权和经营权是分离的，即牲畜是个人的，其所有权和利益支配权是归牧民个人，但草场的所有权归集体、经营权归牧民个人。正因草场经营权和所有权的分离致使人们对于未承包到户的集体草场进行掠夺性利用而出现了超载过牧的普遍现象。第三次改革之后产权是清晰了，但是国家对草场的承包期未做明确的规定，因为，人们经常过度放牧以尽可能多地索取，从而致使短短20年时间里草原退化非常严重。同时，具有如此强的有带动力的经营体制，时隔30年后的今天，因国际国内双重环境的变化，已经失去了昔日的优势，出现诸多体制本身难以解决的新问题。因此，体制问题是半农半牧区存在的种种问题的深层次原因。

2. 政府政策的失误

首先，人口政策上的失误。在我国传统的人口观的影响下，新中国成立之初，我国在人口问题上没能及早地作出冷静客观的预测和防范，等到作出正确反应时，人口基数已经扩大到足以影响经济和生态持续发展的灾难性程度。当时，中央政府以"人多力量大"为原则，实施了事实上的人口放纵政策，加之社会主义制度建立后的制度效应的扩散作用下，人口发生飞快的增长，一直持续到80年代计划生育政策实施前。而内蒙古牧区和半农半牧区的情况也不例外，人口大幅度增加。

其次，"以粮为纲"等经济政策的负面影响。为了解决中国人的吃饭问题，国家号召全国各地自己动手丰衣足食，尤其是水草丰美的草原地区，大面积开垦种地，大搞社会主义农业和工业建设。例如，新中国成立初期的大兴安岭的森工集团建设和包头钢铁工业建设带来的工业技术工人的流入、国家粮食生产需要引入的大量内地农民以及"以粮为纲"政策下引进的人口（各地的国营林场、国营农场职工）等。这些政策虽然短期内解决了老百姓的吃饭问题，但却给牧区和半农半牧区带来了人口和生态压力的隐患。据有关研究显示，1958—1960 年，"内蒙古牧区和半农半牧区人口，三年内平均每年增加 6.4 万人，共增加 19.2 万人，形成了建国后内蒙古牧区人口增长的第一次高峰"，"1966—1976 年间提倡所谓的'牧民不吃亏心粮'，引进能耕善种者盲目开垦草原，因此，此 10 年间仅牧区乡村人口就增加了 40 多万人"①。

3. 政府管理和监督制度的缺失

首先，强农惠农政策落实过程中存在监管制度缺失的问题。在半农半牧区的经济发展中，国家惠农惠牧政策的作用越来越大。据笔者在调查区了解到的情况来讲，每年每人平均享受到的农牧业补贴有 1000 元左右。还有教育补助和贷款、医疗保险、养老补贴、购机补贴、低息贷款等其他项目。国家为了促进"三农"（三牧）的发展，在生产、生活、教育、医疗等方面的支持力度越来越大。然而，国家这些有利于农村牧区发展的强农惠农政策是不是真正落到了实处，则有必要加强对其核实和监督。而内蒙古的半农半牧区同样也存在这样的问题。例如，有的基层组织对各级政府有关的政策文件不做宣传；具体补贴标准和享受条件不公开，暗箱操作，从中渔利；中央和地方政府实施的基础设施建设和改造等项目的实施

①　包红霞、恩和：《内蒙古牧区人口变动研究》，《内蒙古大学学报》（哲学社会科学版）2009 年第 7 期。

中存在质量安全问题，与施工单位暗中联合，偷工减料，损害农牧民利益；享受中央补贴购机政策而购买的机器存在严重的质量问题等。这些具体问题都直接影响着半农半牧区的经济发展。

其次，对退耕还林还牧政策的实施过程，缺乏有力的监管制度。农牧民和政府有关部门间进行博弈，上有政策下有对策。而问题的根本在于如何将上边（中央）的政策意图给广大百姓一个清晰的交代，并且在具体落实过程中统一标准、严松一致。例如，某些农户为了逃避草场保护部门的监管，深夜出来在禁牧区放牧。有的基层干部实施国家政策时，做不到"一碗水端平"，松紧不一，引起百姓的反对情绪。

此外，对农畜产品的质量安全标准的实施缺乏有效监管机制和制度。现代农牧业的发展，"质量是命，品牌是魂"，二者合一"所向无敌"。然而品质的好坏必须有相应的认证体系和标准。

第四章 国内外农牧业发展模式及其启示

严格意义上讲，"半农半牧区"是具有中国特色的行政化的概念。在国外，类似我国半农半牧区的地区叫做干旱半干旱地区。在美洲大陆、非洲大陆均有干旱半干旱地区，而这些地区都曾发生过严重的生态问题，都有丰富的治理大自然生态恶化问题的经验和教训。例如，美国西部干旱半干旱地区的"黑风暴"治理和畜牧业发展模式、非洲萨赫勒地区农牧业发展和苏联干旱半干旱地区开发的教训。同时，在农牧业结合和土地利用结构上，西欧混合农业模式、北欧循环农业模式以及日本有畜农业模式等，也是值得内蒙古半农半牧区借鉴的经济发展模式。

第一节 美国农牧业发展模式及其借鉴

一 美国"黑风暴"① 的发生及其治理经验

（一）美国 20 世纪二三十年代的"黑风暴"

在 20 世纪 20 年代之前，美国中西部地区曾经是土壤肥沃、物

---

① 1934 年 5 月 11 日凌晨，美国西部草原地区发生了一场罕见的黑色风暴。风暴整整刮了 3 天 3 夜，形成一个东西长 2400 公里，南北宽 1440 公里，高 3400 米的迅速移动的巨大黑色风暴带。风暴所经之处，溪水断流，水井干涸，田地龟裂，庄稼枯萎，牲畜渴死，千万人流离失所。黑风暴造成了十分严重的后果。根据美国土壤保持局统计，从 1935 年到 1975 年的 40 年间，美国大平原地区每年被沙尘暴破坏的面积达到了 40 万公顷，最多达到 60 万公顷，南部棉田因风沙问题每年的重播面积为 80%，载畜量由刚开始的 2000 万头降到了后来的 1100 多万头。地表失去了植被的保护，大风席卷旱田扬起沙尘巨浪，直冲天空。一连数日，天空一片黑暗，甚至封闭良好的房子里的家具上也都积有厚厚的一层尘埃。有些地方地面上的沙尘，就像雪片一样随风滚动，掩埋农田。正如堪萨斯州的记者艾尼尔·湃勒 1936 年在描写俄克拉荷马州北部时写道："如果想让自己心肺撕裂，就来这里，准能做到。""这是一个沙尘暴的世界，是我毕生见过的最为悲惨的土地。"

种丰富、牧草优良、自然优美的千年圣地。然而在第一次世界大战期间，因国外市场的萧条，引起国内市场对粮食等农作物的需求空前提高。这样的机遇让大农场主将投资瞄向了中西部草原。20 世纪 30 年代初，中西部草原已经开垦了 83%，牛羊失去大量肥美的草地，使草原放牧过度。草原被开垦后，土壤肥力下降，草地严重退化，农作物生长不良，地表裸露，沙尘暴扬起几千米高。1934 年 5 月 12 日的《纽约时报》当天头版刊登《美国"黑风暴"——席卷 1500 英里，持续 5 小时》的文章；英国《泰晤士报》也以《1500 英里尘雾——美国"黑风暴"》为题，惊呼西部大草原突发的灾难。"黑风暴"致使农田废弃，草原上荒无人烟，变成不毛之地。①

（二）美国政府治理"黑风暴"的经验

美国在 20 世纪 30 年代的"黑风暴"，被美国人认为是一场大灾难，不仅生态恶化，经济发展受影响，而且生活生存都受到了极大的威胁。因此，美国政府高度重视，并采取有效的措施，积累的治理"黑风暴"的宝贵经验，值得我们借鉴。

1. 注重科学研究，揭示基本原理，形成一套科学的学术思想体系

虽然开垦草原的初期，对土壤防风的重要性没有足够认识，从而引起不可估计的重大损失，但发生灾难后，美国政府立刻接受教训加强科学研究，组织和培养一批专门研究土壤防侵蚀科学家，进行了积极的探索，全力防范灾难再次发生。美国这一时期的水土保持工作非常成功。不仅理论活跃，措施和效果也非常明显。代表人物贝内特（H. Bennett）是首任美国农业部水土保持局局长，被人们称为"土壤保护之父"，在他的努力下，美国在 1935 年通过了《水土保持法》，这一法律为美国的草原保护和畜牧业发展提供了法律保证。贝内特说："现代的水土保持是以合理的土地利用为基础，一方面合理使用土地，另一方面给予土地所需要的适当处理。"

---

① 陈建华等：《农牧交错带可持续发展战略与对策》，化学工业出版社 2004 年版，第 75 页。

2. 制定和推广土壤保护的技术措施

在土壤学里，把没有防护措施的干燥、松散和细碎的土壤在风力作用下产生土壤的移动叫做风蚀。据有关研究，一般情况下，农作物收获到农作物再次种植之间的土壤通常是裸露的，因而最容易被侵蚀。土壤湿润时或由植被和其他物体覆盖，均可消除或较少被侵蚀。因此，保护土壤和改善土壤条件技术的研发、推广是半农半牧区解决生态环境问题可借鉴的途径。

3. 制定指导战略，设置专业部门来规划和实施土地开发

为了确保土地的合理利用，美国政府于1935年初启动了联邦政府保护计划，重点指导建设基本耕地制度，建立典型的示范农场，在河流流域采取一体化的综合措施，其中包括种草计划、轮作制度、条块状种植制度和防护林建设等一系列的政策措施。美国政府还对那些为保持土壤而种植的农作物给予每英亩一美元的补贴。例如，1933年，在农业调整管理局名下，开始实施减少过剩粮食（如小麦）补贴政策。从1933年到1937年，美国政府的这项补贴是众多受"黑风暴"影响的农民唯一的收入来源。当地农民拿到补偿后，常常使他们能够多待一段时间，而不是即刻便放弃自己的土地。经过20年的努力，这些政策和措施在法律制度的有力支持下，终于将风沙灾难控制到最小限度。

4. 政府实施劳动救济计划

罗斯福执政以来，积极应对"黑风暴"带来的各种问题，为受"黑风暴"袭击的受难人们提供了850多万个就业岗位，人均月工资达到41.57美元。同时，积极组织和安排受灾人群去参加桥梁、道路、公园等公共建筑的建设。美国民间团体也帮助失业者到国家林区工作，并安排他们吃住，组织开沟挖渠，修建水库，植树造林。面对灾难和重大社会问题，美国政府积极执行政府的社会管理和服务职能，将损失降低到最低程度。

（三）美国"黑风暴"的教训

1. 不重视生态环境保护，必然招致大自然的报复

按游牧民族的生态观，人类仅仅是大自然微小的组成部分，人

类要遵循大自然的循环法则,不能违背大自然的循环法则。"黑风暴"事件,用惨烈的报复方式告诉人类,要遵循大自然的法则。历史如此相似,我国昔日"丝绸之路"上的重镇楼兰古城,以及罗布泊、居延海等的沙埋和消亡,已经为世人立下了历史明镜。我国1993 年"5·5"黑风特强沙尘暴就造成直接经济损失 5.6 亿元,受其影响 18[①]个地(市)的 72 个县(旗)受灾,总面积约 110 万平方公里,受灾 21200 多万人。

2. 生态的恶化与人为因素有关

美国"黑风暴"也好,我国"5·5"沙尘暴也罢,其根本原因就是人类自己的行为。所以,通过历史上发生的类似沙尘暴等自然灾害,人们意识到,防治沙尘暴的唯一办法是保护生态、恢复植被。因此,"提高全民资源意识,合理开发利用气候资源,科学开发利用土地,防止大面积植被破坏和砍伐森林,大力研究推广农业节水技术,不仅能够促进农业增产增收,还能保持生态平衡,有利于国民经济可持续发展"。近年来我国实施的退耕还林还草、"三北防护林"、沙漠化防治工程和京津风沙源治理工程等,就是一项功在当代、利在千秋的跨世纪生态保护工程。

3. 生态环境的恢复和改善要付出代价

通过国家立法和长期宣传教育,不断增强公众的环境意识,才是防止美国"黑风暴"历史重演的唯一途径。因为,环境是人类社会共同的环境,保护环境是每一位公民不可推卸的义务和责任。中国是一个人口众多、自然资源相对短缺、经济基础和技术能力仍然薄弱的国家,加之自然灾害频繁,每年由于洪涝、干旱、地震等自然灾害造成的损失达 1000 多亿元。如果戈壁、高原地表和水资源遭到大面积破坏,没有森林和草原的保护,必然造成水土流失、土地沙化。我国通过《中华人民共和国水土保持法》(1991 年)、《中华人民共和国农业法》(1993 年)、《中华人民共和国农业技术推广

---

① 中国林业科学数据中心:《沙尘暴短时预警系统》,http://www1.cfsdc.org/sjzy_show.asp? id=4842.

法》(1993年)、《粮食风险基金管理暂行办法》(1993年)、《中华人民共和国水污染防治法》(1996年)、《中华人民共和国矿产资源法》(1996年)、《中华人民共和国防沙治沙法》(2002年)等实施以来,对防止水土流失、保护水土资源、改善生态环境、促进江河治理和农业生产发挥了重要作用,取得了显著的成效。

二 美国畜牧业发展模式及启示

美国是世界上畜产品出口量最大的国家,靠着得天独厚的自然条件和悠久的畜牧业发展历史传统、过硬的现代化技术设备以及完善的法律监管体系,在世界畜产品出口市场上独领风骚,占世界畜产品出口量的五分之一。但是对于半农半牧区来说,美国畜牧业发展历史和进程的经验,值得借鉴。因为美国的畜牧业也是经历了从粗放传统的游牧业生产方式到规模化、集约化的现代畜牧业的过程。

(一)美国畜牧业经济发展模式特征

1. 重投资、善于技术创新和推广

第一,政府对畜牧业发展方面的支持和投入较高。其中,保证畜牧业收入的稳定方面所提供的支持政策有牛奶收入损失补偿、家畜补偿和援助等。第二,其畜牧业生产的科技含量非常高。美国在生物技术研发和转化应用方面走在世界前列,很早就应用畜产品改良技术,提高畜产品产量和质量,在国际畜产品市场上占有绝对的竞争优势。除了直接给畜产品的生产企业、销售企业、出口企业财政支持外,还有对畜产品改良和生产加工技术改良的支持。第三,美国政府对农畜产品的质量、卫生安全等方面的监管非常严格。并且,对畜产品生产和加工技术的研发和监管投入大量的人力、财力和物力,致使美国对畜产品生产、运输、销售和出口等每一个环节的监管,均达到了现代化和科技化水平。值得研究和借鉴的是美国在食品安全上的监管是非常严格的,每年都拿出大量资金投入到大宗出口产品的质量和卫生安全监管上,所投入资金额度较高,一般能达到整个畜牧业发展资金投入的5%左右。第四,重视有关畜牧业方面的技术培训和职业教育。例如,畜产品优良品种的培育、选育及技术推广工作等。

2. 依法保障畜产品质量安全

美国是个法治国家，也是尊重生命、重视健康的国家。因此，美国的畜产品质量安全方面的法律法规非常健全。对畜产品生产质量和卫生安全的控制极其严格，以加强立法、严格执法来确保产品安全，从而有力地推动了畜产品质量安全和畜牧业发展。美国早在19世纪中叶就出台了一系列保护畜产品质量安全的法律制度。目前，有关畜牧业发展方面的法律规章多达10部以上，通过了很多有关畜牧业发展和畜产品质量安全方面的大大小小的法律文件，形成了完善的法律体系。

3. 畜牧业生产方式现代化

美国是地广人稀、劳动力稀缺的国家。因此，美国以机器和资金替代劳动力，实现了畜牧业的规模化、集约化、机械化。在牲畜的饲养上，美国采取全自动机械化管理，从饲草料的生产、牲畜喂养到防病消毒清理圈棚等所有环节均达到了科学化和规范化。例如，美国牲畜的饲料质量要求高，注重饲料的多样化搭配，保证营养结构的平衡等。并且美国畜牧业发展的专业化程度很高。畜牧业分为养殖业、饲草种植业、畜产品加工业、饲草料加工业等行业，保证了畜牧业生产效率和产品质量的安全性。

4. 实施畜牧业可持续发展模式

美国从微观和宏观两个层面上保证了畜牧业的可持续发展。在微观主体层面上，美国的畜牧业生产组织模式，促进了畜牧业可持续发展。因美国是土地私有化的国家，其土地流转性特别强。因此在美国历史上很早就形成了家庭农场式的经营模式。通过农业协会，农场主们联合起来与畜产品销售和加工企业进行交涉。当然，美国生产组织方面的法律也比较健全，因此从组织形式上保障了美国畜牧业的地位。加之，美国土地所有权的稳定性，对畜牧业的重要生产资料——牧场的维护和改良提供了保障。从而，家庭农场制在政府法律环境和资金支持下，畜牧业经营易于实现规模化。而规模化的农场经营不仅有利于降低成本，也有利于实现畜产品质量安全的监管。在激烈的竞争中，规模大、成本低、质量安全监管严的家庭农场经营具有很大的优势，而那些规模小、成本低、监管不严的家庭农场将被市场淘汰。在国家宏观层面上，美国政府非常重视畜牧业发展的持续性和环保性。为了保证畜牧业的持续稳定发展，并且在国际市场上占有稳定的控制地位，一直以来，美国政府特别强调畜牧业发展的经济效益、社会效益和生态效益的有机结合，并为此做了很多努力。

（二）美国畜牧业经济发展模式的启示

美国是经济发达的畜牧业大国，内蒙古半农半牧区的差距很大，美国的干旱半干旱区与内蒙古的半农半牧区似乎不是一个概念。但仔细比较会发现，两者有很多共同之处。例如，两地所处的纬度、气候特点、区域特点、土地面积和土地利用结构特点等方面具有相同点。因而美国农牧业发展方面的经验，对内蒙古半农半牧区新型经济发展模式的构建，具有一定的参考价值。

第一，学习和借鉴美国政府支持畜牧业发展的资金投入制度。众所周知，现代畜牧业发展中，要提高单位畜产品产量，除了畜牧业生产生态环境之外，还有一个重要的因素就是畜产品品种问题。品种改良是提高半农半牧区畜牧业核心竞争力的重要措施。突出畜牧业在半农半牧区经济中的支柱产业地位，各级政府集中力量加大资金投入力度，确保畜牧业经营者的资金需求。根据美国经验，政府要对畜牧业经营户和畜产品出口企业给予财政和金融政策支持，帮农户减少风险，降低经营成本，保证畜牧业稳定发展。内蒙古半农半牧区的畜牧业，虽然有很大的发展优势，但是与美国相比，竞争力尚显薄弱，畜牧业科研、教育、技术传播、品种改良、畜产品质量控制、设施与技术等缺乏资金支持。技术的研发，往往经过无数次的实验，无数次的失败最终才能成功，而技术研发需要大量经费。没有经费支持很难实现畜牧业发展所需的优质高效的新品种、新生产工艺等的研发。一个新品种的发明意味着畜产品竞争力增强，意味着经济效益的飞速提高，从根本上提高一个国家的畜禽产品的质量，增强畜牧业的国际竞争力。半农半牧区畜牧业发展想要快速接近甚至达到国际水平，必须加强畜牧业生产的技术研发。而技术研发需要"产学研政"的紧密联合，政府牵头、组织、协调和投入，企业赞助，研究机构具体承担，人才培养单位协助，联合攻关。

第二，畜牧业经营法律法规的建立与完善是畜牧业发展的有效保证。美国在畜产品生产、加工、防疫等方面的法律法规体系的完备化和执法力度的加强，是半农半牧区现代生态畜牧业发展中必须学习的经验。畜牧业生态环境的保护、畜产品的质量及卫生安全，对于畜牧业生产经营户和畜产品加工企业来讲，都是不可忽视的关键问题。要保证每一个环节均达到规范要求，必须要有完备的法律体系。如果哪一个主体破坏了交易规则，必须追究其法律责任，以此来保证畜牧业的生产、销售、加工和消费等每一个环节的安全规范。这样才能保证半农半牧区畜产品市场的健康有序发展，促进半农半牧区农牧业经济的持续发展。美国经验说明，政府要对畜牧业发展实施宏观调控和微观规制，必须要做到有法可依。并且，畜产品质量安全是国际市场上非常重要的问题。但是目前我国有关畜产品质量安全的法制建设很滞后，只有《兽药管理条例》《饲料和饲料添加剂管理条例》《动物性食品中兽药最高残留限量条例》等有限的几个法律法规，与国际 WTO 国家的规定相脱节，严重影响畜牧业的发展。我国必须从法律的高度制定出规范畜产品生产、加工、运输和消费等各个环节的管理制度。故应加快有关的立法进程，消除立法空白，修订现在的法律法规，并充分考虑与国际相关的法律法规接轨。

第三，根据美国经验，管理体系的建立和完善是发展畜牧业经济必不可少的条件。美国畜牧业监督管理体系中，有一个相当于我国农业部性质的最高权威管理机构，它是美国畜牧业高效精简的管理体系的核心机构，其下设置了纵横交错的网状监控管理组织体系，指挥和监管着国内国际市场间的协调工作和政府各个相关部门之间的交流。这是符合经济全球化发展要求的管理体系，符合了畜牧业全球化发展的趋势。我们要借鉴美国管理和监管模式，避免各立门户，互相设卡，互不相让，该管的管不好，不该管的管太多，机构臃肿，效率低下。畜牧业有关部门各属不同系统，没有统一管理的最高指挥部门，体系内部是个特别松散的结构。这样就无法避免多头执政、互不负责、互相推脱现象的出现。

第四，从美国的经验看，畜牧业发展的方向是走集经济效益、社会效益和生态效益于一身的生态农牧业道路。也就是说，新时期，畜牧业生产的核心竞争力在于环保、生态、绿色品质。生态畜牧业是畜牧业发展到高级阶段的产物，是实现畜牧业可持续发展、提升畜产品品质的根本途径。而半农半牧区天生就具备了节约资源、绿色生态、环保无污染等特点，比起牧区和农区具有明显的资源、环境和文化优势。从20世纪80年代联合国提出可持续发展的概念和呼吁以来，各个国家都在极力追求经济、社会、生态协调的可持续发展道路。这样的发展趋势为畜牧业发展赋予了可持续发展内涵，即发展畜牧业经济不仅追求物质产品的增多，更主要是追求以社会的和谐发展、生态环境的良性运行为目标的可持续发展战略和思路。美国提出用环境污染指标来衡量国民经济发展程度，这迎来了新一轮经济学领域的大讨论、大学习。对畜牧业创造的GDP排除因畜牧业给环境带来的破坏、污染等指标，计算净GDP或绿色GDP，衡量该产业对经济增长的贡献率。要保证可持续的经济发展必须在不破坏生态环境的基础上得到。生态保护指标成为人类经济活动的最基本的质量标准，对养殖场地、牲畜粪便的处理等方面均有严格的环保标准，从而既提高畜禽的存活率和肉质的健康卫生安全，同时也大大降低由畜禽带给人类的病菌传染。而在我国远远达不到这么高的标准。因此，我国广泛推广生态畜牧业发展模式，走生态畜牧业道路，尽早打入国际畜牧业发达国行列。对畜牧业结构的调整，要在改善畜牧业生产环境、改良畜产品品种、优化牲畜饲养方法的基础上提升畜产品质量，增加畜牧业经济效益。

第五，学习美国畜牧业的精细化、规范化的饲养方式，提高畜产品品质，增加畜牧业经济效益。与美国相比，内蒙古半农半牧区的畜牧业生产大部分都停留在以农户为单位的传统小规模生产，农户根本没有受过专业培训，仅靠经验饲养，尤其是蒙古族农户看懂技术使用说明或能接受畜牧业技术培训的更少，能接受汉语讲解或文化水平比较高的也不愿意留在农村或旗县周边郊区进行畜牧业养殖。这样的资源不对称现象极大地制约着养殖户技术水平和管理水平的提高。因为半农半牧区土地大部分都是分散的，这是由半农半牧区的地形地貌决定的，其地形一般是沙丘、平地、小山坡连绵状态，不同地段的土壤肥沃度不同，有好有坏。每个农户承包土地时，都是经过好坏搭配、互相平衡的。不像农区耕地那般平整、集中。所以承包之后的土地很难集中，没有规模化的条件。形不成规模化经营的原因，除了以上谈到的两方面外，最主要的是扩建养殖棚圈等基础设施的投入资金紧缺。由当地政府牵头、组织和协调分散经营的小农户，搞合作社的经营形式应该是一个比较好的选择。将规模奶牛场和散养奶农做一比较就会发现，不管是卫生条件，还是防疫操作等方面，传统和现代畜牧业都有很大的差距。在散养奶农那里，疫病防治知识和措施远远不够，奶牛经常暴发疾病，浪费牛奶不说，严重的则会病死。有的奶农心疼牛奶，不负责任地送到奶站或零散地卖给消费者，就会产生连锁反应，损害消费者利益，扰乱市场秩序。但是畜牧业发展达到规模化和集约化程度较高的产业化经营后，能够将散养奶农的成本高、技术落后、防疫技术低下、抗风险能力不强等问题一并解决。可以说，市场经济条件下的小生产大市场的矛盾只有靠产业化经营模式才能较好地解决。因此，半农半牧区政府应该组织好小农户，打破组织方式上的局限性，走规模化、集约化和产业化的发展道路。并且在半农半牧区还可以进行更细化的分工。即根据地区特点，坚持搞特色产业。例如可以专门培育草业大户，经营草业，负责给养牛养羊大户种植优质牧草。

（三）美国畜牧业发展模式的教训

在美国等畜牧业国家发生的口蹄疫、疯牛病等事件，对其他畜牧业国家和贸易伙伴国，带来很大的损失，对我国的畜牧业发展也带来了一定的负面影响。同时，也给我国以及内蒙古半农半牧区畜牧业发展带来了警示。

1. 畜牧业工业化要遵循自然规律

在人类经济社会发展过程中，有一个看不见的铁的规律，那就是自然法则。自然法则是客观存在的，不以人的意志而改变。就像春天到了花要开，冬天到了会下雪一样的自然现象就是不以人的意志而改变的客观存在。人类发展到较高阶段之后，采用工业化手段改变大自然固有的规律，让瓜果短期内成熟，让牛羊骨骼快速长成，还有转基因食物的生产等等，都是改变大自然规律的行为和生产技术。通过工业、生产工艺提高劳动生产率，从自然科学的角度看不会存在问题，但是从人类发展史的角度看，有悖于伦理，自然规则会对人类进行惩罚。例如，将动物的肉骨粉（富含蛋白质）去喂它们的同类，从工业发展水平的角度看这体现着人类的发展程度，但是从生物学、动物学、生命学的角度看却是一种退步或摧毁，打破了大自然原有的规律。而不可违背动物生长规律，采用动物蛋白（肉骨粉等）当作饲料，饲养牛羊，生产动物蛋白质。这种方法虽然提高了效益，但是畜产品的安全性却受到破坏，疯牛病的发病因子就是来自肉骨粉。发达国家在实行肉类工厂化生产时，用同类的肉骨粉喂同类，为的是提高养殖效率。结果一代又一代，传承时就会发生基因突变等怪病，才酿成了今日的灾难。

2. 畜牧业的健康发展要确保饲料的安全

产品质量要从源头抓起。畜产品是畜牧业生产的重要产品。美国畜牧业发展的实践，对我们半农半牧区的畜牧业发展，提供了重要的启示和借鉴。尤其是，美国在畜产品出口贸易等国际经济行为中，采取的科学、公开、透明的管理方式来确保饲料安全等做法值得我国畜牧业地区和半农半牧区学习和借鉴。例如，美国在处理新鲜食品时为了保证其新鲜度，往往采取人工保鲜或人工保温等措施。还有，美国在养殖生禽牲畜时，通常为了催肥、催长给动物喂食供高营养的饲料或含有高蛋白含量的饲草料。从畜牧业生产目的上看，这种现代化和高水平的生产方式可以节约土地，缩短生长期，使其快速成熟，从而达到增加肉产量、经济效益大增的目的。不知情况的消费者会感到肉质更鲜嫩，口感更好，食欲也会大增。但是从人畜禽等的食物链条上看，这是极其不合理、极其危险的生产方式。因为这样的催肥极可能导致人类也间接地接受高蛋白质、高营养元素，从而使人体发生一些变化和病变。当整个生产过程的某一环节出问题时，全部生产过程都会受到殃及。在美国发生的几次小规模的疯牛病事件无不与饲料添加剂有关。因此，美国等欧美国家用高科技实验来获取生产和研发产品往往带来很大的风险。其中，最主要的是食品健康和安全问题。食品安全问题是关系到全人类的健康和安全、关系到全人类的发展问题。国内也有一些专家学者进行与人体健康和食品安全有关的实验和研究，例如用重金属来加速畜禽生长等的饲养方法对人体危害程度有多大。总之，饲料安全直接关系到牲畜安全，也会间接影响人类的健康和安全。因此，畜牧业健康发展，必须确保畜禽饲料安全。

3. 调整畜牧业结构，必须先转变发展观念①

半农半牧区在畜牧业经济发展中，在疯牛病、口蹄疫等事件中受到教训和启发的同时，更要在畜牧业发展的理念上尽快由传统畜牧业发展模式转向现代畜牧业发展模式上来。从各个国家的产业经济发展趋势上看，向现代畜牧业转变是共同的方向，是一个大趋势。转变发展观念包括三层内涵：第一层内涵是树立食品安全第一的观念。从美国畜牧业发展模式的经验和教训可知，产业化发展是畜牧业可持续发展的必然选择。要实现畜牧业产业化，必须调整畜牧业结构。而要调整畜牧业结构，首先要建立食品安全意识。传统畜牧业发展模式下，生产者生产的第一目标就是利润最大化，盈利第一。因为在现代畜牧业发展条件下，产业化发展程度很高，一旦在哪一个链条出现问题，涉及面会很大。因此，在现代畜牧业条件下，生产者必须把消费者安全放在第一位、食品安全放在第一位。第二层内涵是必须树立生态畜产品的观念。过去，生态问题没有引起人们的关注是与人们的消费水平和消费观念有关。因此人们首选

① 温芳能：《国内外畜产品质量安全对比分析》，《中国畜牧通讯》2004年第5期。

传统的产品，而不考虑产品有没有破坏生态环境，毫无意识地接受它。但今天，人们开始关注生态，保护大自然的意识越来越强了。有关研究显示，在德国，虽然近年来牛肉销售量下降了50%，但生态屠宰的牛肉销售量增加了30%①。这说明什么呢？说明消费者的生态意识提高，追求纯天然消费，更愿意接受符合自然规律的产品。第三层内涵是畜产品生产过程从保密到透明的转变。在企业市场竞争过程中，商品的生产工艺是商业机密，受法律保护。因为工艺被窃取或被效仿会给企业带来巨大的利润损失。所以经营者会极力保护自己的商业秘密，企业之间绝不会透露生产工艺。但是，对饲料配方（工艺）进行保密，会把产品污染造成的源头掩藏，畜产品污染的病因被隐瞒，影响畜产品卫生质量安全。如果能把包括饲料配方在内的畜产品生产的相关信息，全部写在畜产品包装上，不仅便于产品消费者对生产企业进行监督，也会通过这样的透明制度提高畜产品的质量安全。

4. 政府有责任给消费者提供准确的信息服务

我们从美国等发达国的经验教训来看，畜牧业为支柱产业的半农半牧区政府以及政府有义务向广大百姓及时真实地透露有关食品安全方面的信息。作为把握全局、宏观调节的政府，不能仅考虑政府的形象或者以别的任何理由为借口隐瞒事实、封锁消息，而把事态发展成难以控制的局面，这样做只能增大损失。有了疫情应及时上报，中央政府掌握信息后应及时向全国人民公布，以保证每个消费者的知情权和食品安全。我国政府对一些信息的发布总是滞后，这会引起百姓对政府的不满，甚至使得百姓对自己的政府失去信任。因此，政府应该注重信息披露制度的构建和完善，保证消费者的知情权和消费安全。发生疫情不慌乱、不隐瞒，及时启动疫情应对制度和体系，从容不迫地解决疫情，这样才能以最快的速度将疫情控制在最小的范围内，最大限度地解决问题，受到百姓的信任和

---

① 《国内外畜产品质量安全对比分析》，http：//www. china‐ah. com/news/2004/08/11/38249. html.

配合。像日本、韩国等国家都有突发事件的处理日常培训，这样百姓碰到什么突发事件都不会慌乱，都会从容对待。我国现在缺的就是这样的应对机制和平时的培训机构。

第二节　苏联干旱半干旱地区
开垦的经验与教训

美国作为干旱半干旱地区的畜牧业发达国家，为内蒙古半农半牧区的畜牧业发展模式选择和构建问题提供了很大的启发，而苏联与干旱和半干旱做斗争的历史也会给我们不同的经验和感受。苏联干旱草原南起摩尔达维亚南端，北达伏尔加河与卡马河交汇处。其地表层为松散的黄土和沙土，除了西北部地区年降雨量450mm—600mm外，大部分地区均在400mm以下。由这样的自然条件决定，苏联的历史上，气候不稳，旱灾频繁，农牧业生产受到极大的制约。

一　"伟大的斯大林改造大自然计划"的提出

苏联部长级会议和苏共中央委员会根据斯大林的建议，于1948年10月20日作出决议，计划在1949—1965年的17年时间里，要建造600多万公顷的防护林，保护1亿2千多万公顷的农田，并决定实行科学的草原轮作制，使农牧业产业不断提高，计划结合这大规模的新灌溉系统的建立，将广大旱田改变为水田，永远免除水旱灾害，这是人类历史上破天荒的创举，给人类改造大自然指出光辉的前途。这就是通常所说的"伟大的斯大林改造自然计划"[①]。

如今，这项"伟大的斯大林改造大自然计划"实施已过去半个多世纪，自然景观仍然没有得到很好的改善，相反，土地的荒漠化有加剧的趋势。但反过来讲，虽然"伟大计划"没能实现当初所设想的那样美好景象，但是为内蒙古牧区和半农半牧区的经济发展提供了一定的反思和启示。

---

① 陈凤桐：《伟大的斯大林改造自然计划》，《农业科学通讯》1952年第9期。

二 "伟大的斯大林改造大自然计划"的启示

（一）违背大自然规律的行为和计划，达不到预期效果

当初，斯大林构筑的蓝图根本没有科学论证建立一条横跨天然无林的5000余公里长的林带有多大风险和难度，只是以军事上的对付敌人的手段来征服大自然的想法，多少有些不符实际。在半农半牧区的经济发展模式的选择上不考虑自然条件，不考虑周围环境，不顾历史教训，照搬农区或发达国家的模式，盲目投资，盲目建设，结果肯定只会以失败告终。

（二）制订涉及人与自然关系的计划，要尊重科学，集思广益，多方论证

其实，斯大林伟大计划制订并实施时期，对苏联草原深有研究的著名科学家道库恰耶夫，在大量的实地考察和系统研究的基础上，得出非常科学的结论。按照道库恰耶夫的观点，苏联干旱半干旱的自然环境具有复杂性、多样性和脆弱性。不同的自然资源之间具有千丝万缕的关联性，在相互制约、相互影响着，一定要随时观察其变化，找准其规律，才能作出科学合理的发展规划。但是，当时脾气急躁、独断专横的斯大林没接受道库恰耶夫的科学建议，酿成历史的悲剧。

（三）认识人与自然关系问题上，时间和实践是检验真理的有效手段

一个真理往往是在无数次失败的实验中产生的。而对"伟大计划"的制订和实施过程影响最大、最具权威的李森科院士的结论也是在不断的实验和检验中产生的。但是，时间变迁过程中因为影响因素或外围条件的变迁，曾经被人们认可的真理可能被否定。1980年出版的苏联百科词典中介绍李森科的一系列观点没有获得实验证实，没有得到生产和应用。这一公正的结论是在莫斯科大学和苏联科学院研究人员长达5年时间、运用45种方法做实验的基础上，用179页报告来宣告李森科理论的检验不通过。

（四）发生各种灾难是自然和人类活动共同作用而成的

在苏联历史上，实施以"向旱灾进攻"为目标的"伟大的计划"遭受失败的主要原因是旱灾和缺粮等客观的自然因素。但是，

这仅仅是其中的一个原因。另一个更重要的原因是人类自身的主观原因。从苏联当时的情况来说，苏联的生态恶化、经济下滑的原因不单是由某一个因素造成的，是诸多种因素共同作用的结果。其中人为因素的影响更强一些。因此，稳定的社会环境、科学合理的人才建设和发展政策等人为因素是影响一个地区经济社会发展的极其重要的因素。

第三节　非洲萨赫勒地区农牧业发展中的问题及其启示

非洲萨赫勒地带是典型的农牧业过渡带，是非洲热带草原向撒哈拉大沙漠过渡的干旱半干旱地带。它从大西洋延伸到东部非洲之角，东西横跨塞内加尔、毛里塔尼亚、马里、布基纳法索、尼日尔、尼日利亚、乍得、苏丹共和国和厄立特里亚等9个国家。在萨赫勒地区，通常采用400mm等降水线作为旱作农业的边界。在萨赫勒是用降雨量将一年分为雨季和旱季，常年持续着极度干旱的大气、不稳定的降雨、周期性的灾害天气。萨赫勒地区经济以牧业为主，农业为辅，牧业畜群中包括骆驼、牛、绵羊和山羊，局部地区雨季时种植小规模农业，主要的种植业是花生。萨赫勒地区是非洲阿拉伯树胶的最大产区。气候变化和滥伐树木、过度放牧等原因导致沙漠化程度严重，致使每年有大片农田和牧地被吞没。

一　非洲萨赫勒地区农牧业发展中存在的问题

（一）粗放型的耕作制度酿成了萨赫勒沙尘暴，导致土地沙漠化

萨赫勒是非洲种植业的边界线，当地居民一直实施着承袭千百年的"刀耕火种"的撂荒制。除了极少数的国营农场运用水利设施防旱以外，大部分个体经营者均靠天生产，生产效率极其低下。萨赫勒地区市场化程度很低，基本是自给自足的小农经济。20世纪70年代，萨赫勒地区的马里国家的高粱、御谷平均单产仅为

32kg/亩，其中高粱产量仅仅是全国平均单产的 30%—45%。而同期我国高粱产量平均单产为 150kg/亩，萨赫勒地区的生产效率之低可见一斑。

在 20 世纪 70 年代，由于牧场荒漠化导致非洲萨赫勒地区生态严重恶化，其破坏性仅次于两次世界大战，给萨赫勒地区带来惨烈的灾难。这场撒哈拉沙漠以南的干旱和沙漠化夺走了几十万人的生命，波及了 200 万头牲畜，造成 600 万人流离失所。但是有人对非洲萨赫勒地区的降雨量的历史资料进行分析发现，类似 20 世纪 70 年代的干旱少雨现象在 20 世纪上半叶也发生过 2 次，但是却没有造成如此严重的后果。沙漠学家卡萨教授认为，土地荒漠化主要是由过度放牧、过度耕作和灌溉计划不周等三个主要因素造成的。而贫困是产生荒漠化的一个重要因素，贫困促使人们放弃传统的自然方式进行循环生产。挪威前首相布伦特兰夫人认为，非洲贫困和饥饿源于干旱，但干旱又不是真正原因，真正的原因是过去几十年中，人们大量砍伐森林和对土地利用不当。

根据对马里国家卡伊和耶利马内两地的谷物（高粱、玉米）的总收获量进行统计发现：1970—1971 年产量最高，为 4022.5 万吨。1972—1973 年最低，为 879 万吨。1973—1976 年和 1979—1980 年在 2500 万吨左右。1980—1981 年为 2816 万吨。1981—1982 年为 1938 万吨。1982—1983 年为 2305 万吨。1984—1987 年在 3200 万吨—3700 万吨[①]。这些数据反映了干旱少雨年份对产量的影响，但也说明了粗放的生产经营模式，导致土地质量退化的后果，即使碰上多雨年份，产量也未能恢复到原来的水平。

（二）牧道的过度利用，导致牧道沙化，影响了畜牧业发展

萨赫勒地区的游牧经济方式曾经是一种人烟稀少、水草丰美条件下的畜牧业经营方式。正因为一群群牲畜往返于牧道上，尤其是当牲畜头数增长到最多时，所路过的地方连啃带踏，很快就会踩踏

---

① 陈建华等：《农牧交错带可持续发展战略与对策》，化学工业出版社 2004 年版，第 67 页。

出一道道明显的牧道，周围的草场和植被也被破坏，加之土壤被风腐蚀，被风刮出沙子。而风刮得越来越强，致使牧道周围几十公里全部退化，直至彻底沙漠化。

众所周知，全世界牧民的一半在非洲。畜牧业是萨赫勒地区的支柱产业，游牧经济是马里的传统放牧形式。马里15%的游牧人和半游牧人拥有着全国70%的牛和80%的羊。

历史上形成的牧道并不是单纯的牲畜通道，牧道实际上是一个放牧场。因而有人指责是游牧人的无知制造了牧道的沙漠化。大自然的一切动物、植物和微生物之间，均有千丝万缕的关系，即人们所说的大自然的生态链。而人类和动物、植物、微生物共存于大自然中。那么，游牧经济就是利用大自然中最廉价的资源而生存的一环生物链条。游牧经济的主要投入是放牧劳动。因此，游牧人放的是自己的畜群，没有任何其他费用。而这样的生产生活方式持续了几千年，没出现超载放牧问题，大自然的生物链条没被打破，说明人们只要不贪婪、适度利用大自然的资源，生物链条就会稳固不破。然而，随着市场经济的到来，游牧经济受到严重的冲击，人们在商品意识的推动下，欲望无限扩张。欲望的扩张，致使牲畜数量不断增加，最终牲畜数量超出植被天然生长能力和恢复能力，就出现了滥垦滥伐、超载过牧等问题。在萨赫勒地区，正常情况下，一头大牲畜需要6—10公顷的草场，萨赫勒地区的草场产草量很明显低于温带优良草场的产草量。而在温带才需要其50%—65%。草场产草能力的下降，导致牲畜头数的减少。例如，1982—1986年间，马里迪雷小区牲畜总头数从6.3万头减少到1.8万头；马里通布图和加奥的牛总头数分别从77.5万头和46万头降到23.9万头和11.7万头。影响萨赫勒地区牲畜数量变化的原因复杂，但是草场退化和土地沙化是最主要的原因。

（三）"打井活动"引来更大范围的草场退化和土地沙化

在干旱少雨—草场退化—草原承载能力下降—牲畜数量减少—贫困、饥饿—过度放牧—草场退化的恶性循环中，为了找到新的路子，游牧人开始寻找无水草原，通过打井来满足人和牲畜的饮水问题。有河水的草原中牲畜的践踏路线也就是萨赫勒地区游牧人的放牧路线，即牧道。而在没有河水的草原，人们打井取水，牲畜在水眼为中心的圆形区啃食草。于是草原的退化范围就是一个同心圆，这个同心圆的半径就是一只绵羊一昼夜驱赶的距离，大概是5km—6km。萨赫勒地区土地退化最严重地段、植被最差的地方恰恰就是全年供水最好的地区。

著名的草场学家涅恰耶娃和安东诺娃，将以水井为中心的荒漠划分为三个等级：离井眼4km—6km的地方，虽然一定程度被践踏，但是在连续几年的多雨天气中，被破坏部分能得到恢复，为一级退化；在临近水井1km—2km处形成二级退化；距离水井0.5km—1km处所形成的退化为三级退化。

二 非洲萨赫勒地区农牧交错区可借鉴的经验

萨赫勒地区的农牧交错地区所显现出的生态脆弱性、自然条件的恶劣、灾难的频发以及经济发展水平上的过渡等特点是世界上最典型的。与世界其他地区相比，更值得借鉴的是这里一切均是原始状态，注重人与自然的和谐相处，不管是游牧人还是萨赫勒的牲畜均融在大自然的规律中，更加凸显了这里的独特和珍贵。

（一）可以借鉴萨赫勒地区崇尚天然、效仿自然的理念

人与自然浑然一体、和谐共存的典型案例在这里充分显现着。非洲的牧民和农民的天性就是依赖大自然、保护大自然，与大自然和谐共处。因河而牧，带状牧场，围井而牧，简单而自然，一切顺应天然。他们这些保留着自然经济特色的最原始生产和生活方式，内含着人与自然的适应协调。

（二）可以借鉴和效仿林粮混种的习惯

非洲萨赫勒地区的林粮间作和农牧结合的历史传统是非常值得我们借鉴的经营方式。20世纪70年代，萨赫勒地区成立了农林牧研究中心，专门研究林粮间作混种和农牧结合的经营方式。实验证明，粮食作物和林木混种，野生动物与家畜的混养，效果明显高于单一种植和单一放牧。将这一研究成果通过推广转化为实际的生产力，为农牧业生产效率的提高和生态环境的改善作出了重大贡献。

在农田中种植合适的林木，除了抗风蚀外，对农作物的生长非常有利。萨赫勒地区野生动物和家畜混合放养、林粮混种都是适应农牧业交错区自然条件的精巧农业技术、措施，是值得我国半农半牧区借鉴的农业生产技术和经营模式。

第四节　国外中小规模畜牧业的经营模式借鉴

一　西欧农牧业混合模式

18—19 世纪，西欧农业经营是混合农业，即有畜复合经营。随着产业革命的深入发展和小麦需求量的增加，西欧开始早期的"圈地运动"，农业生产进入大规模经营发展的初级阶段，即饲料作物（蔓菁）—大麦—牧草—小麦（裸麦）的轮作体系的耕种和畜牧业结合的农业体系。1846 年英国废弃《谷物法》后，英国经济的快速发展为农业发展提供了诸多的有利条件，农业机械和化学肥料的使用、土地改良和家畜改良、舍饲圈养技术的发达等把西欧农业推入了农牧业混合经营的高效农业阶段。但是到了 19 世纪末，这种"高投入—高产出"的高效农业无法抵制美国的"低投入—高产出"的廉价农畜产品的不断冲击，西欧农业进入了前所未有的低谷。西欧混合农业的发展对于畜牧业经营管理提供了理论基础和管理技术，尤其是轮作体系和土壤改良、牲畜改良等技术对于农牧交错带畜牧业发展提供了宝贵的经验和理论基础。

二　北欧循环农牧业模式

北欧农业是典型的农牧混合农业，是奶牛业或养猪业与饲料作物结合的现代循环农牧业体系。北欧瑞典、丹麦、挪威等国家有史以来进行有畜复合经营，到了 20 世纪 60 年代，随着农业现代化的进程，以单一畜牧业专业化经营为主进行奶牛、肉牛、肉猪的专业化、规模化经营逐渐成为主要形式。20 世纪 90 年代开始，经营规模的不断扩大和集约化程度的深入发展，带来了以畜牧业排泄物为主的环境负荷问题。对此，北欧各国大力发展生物能源充分利用和农牧业资源的循环利用技术，形成以沼气利用为核心的"家畜—沼气—饲料作物"的农牧业循环体系。不仅保护和改善了生态环境和生活环境，而且进一步优化了农牧业结合的经营内循环利用体系甚至区域内农牧业循环体系，大幅度减少了畜牧业的生产成本，并保障了食品安全。

三 日本有畜农业模式

日本是以渔业和稻作为主的东方国家，明治维新以后日本兴起产业革命，工业化进入了快速发展阶段。随着工业化、城市化的深入和人民生活水平的提高，畜产品的需求量增加，但是日本传统农业是以水稻生产为主，畜牧业发展很薄弱。为此，20世纪30年代开始，日本政府引进了西欧有畜复合农业法，大力推广农业生产里引进养牛业和养猪业。到20世纪50年代，有畜农业覆盖全日本农村，正式进入了有畜混合经营阶段。1961年日本政府颁布《农业基本法》之后，有畜混合经营进入了现代化发展阶段，经过近20年时间的发展，实现了农牧业专业化、规模化和现代化。其主要模式有北海道为主的旱田农业区的奶牛业和肉牛业模式；九州、四国为主的水田奶牛业模式；中部、东海为主的农牧结合集约化模式等混合经营模式。随着畜牧业经营规模的不断扩大和饲料的海外依存度不断加强，日本政府采取了重点扶持耕种农业和畜牧业生产结合的经营体，并投入大批资金来解决因畜牧业生产而引起的环境污染问题，把有畜农业发展推向更加合理化、专业化阶段。

第五节 国内半农半牧区经济发展
模式典型案例

一 "四位一体"循环经济发展模式

"四位一体"生态模式是辽宁省喀喇沁左翼蒙古族自治县和北票市等半农半牧区的农民在生产经营过程中积累的一整套日光温室

蔬菜的生产技术和经验。该地区生产的蔬菜以品质好、产量高而远近闻名。"四位一体"农村循环经济发展模式指在太阳能温室的一端建设地下沼气池，池上建猪圈、厕所，有的还在温室的一端建立地下热能交换系统，人畜粪便进入沼气池后经过厌氧发酵变成高效有机肥料；沼渣作底肥，沼液可以直接浇菜，沼气除了炊用外，还可以在温室内照明用，这样既能增加室内温度，也能增加温室内的二氧化碳的浓度，也因室内温度的适宜，给冬季养猪育肥提供良好的条件①。该模式是以太阳能为动力，以土地资源为基础，集种植、养殖与沼气生产于一体的农村循环经济型的发展模式。

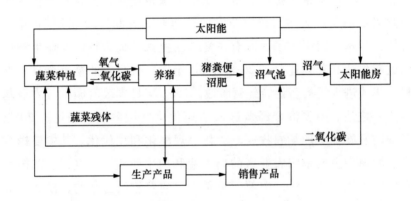

图 4 - 1 "四位一体"循环型农村经济发展模式示意

（一）"四位一体"生产模式的特点

1. 种养紧密结合

种植业和养殖业的结合是"四位一体"农村循环经济的根本特点。这里的养殖业主要是指养猪业，种植业是指种菜业。从物质循环上看，养猪和种菜是互补的，养猪所产生的排泄物经过沼气池子的发酵作用将98%以上的菌杀死，并为蔬菜提供有机肥料；而蔬菜的废弃部分（菜叶子之类的）用来养猪，主体部分拿到市场销售。

---

① 陈建华等：《农牧交错带可持续发展战略与对策》，化学工业出版社 2004 年版，第88页。

用有机肥培育出来的蔬菜瓜果口感好、营养价值高、无污染，食品安全性强。

2. 果蔬扩展结合

为了使种养结合的生产效率更高，有些农户还将种植棚分为暖棚和冷棚，不仅减少价格波动等来自市场的冲击，同时还避免劳动力的浪费。根据辽宁省喀喇沁左翼蒙古族自治县羊角沟乡烧锅杖子村的经验，为了回避因市场价格波动给农户带来巨大经济损失，采取了冷棚种植水果的方式来填补农闲时间，使农闲变成了农忙，解决了劳动力闲置问题，打破了北方冬季万物萧条的历史，农民农闲时间不用出去打工，不用背井离乡，保证能全年生产，并常年创收。

3. 养殖规模扩大，成本降低

在传统生产方式下，每户每年通常养猪 1 到 2 头，而现在，利用这种种养结合的"四位一体"循环经济模式经营，养殖规模明显扩大，每户养猪年出栏率达到 10 头以上，常年存栏 3 头以上。不仅增加了养殖收入，还保证了沼气原料的稳定供应，进而也生产大量沼肥，用于温室蔬菜生产，既节省了买商品化肥的成本，也降低了清理猪圈等工作量，达到了农业生产的良性循环，带来了经济、社会和生态的综合效益。

4. 防止污染，变废为宝

通过无害化处理的粪便用于农作物饲草料和果树林等的生产，有机结合种植业、养殖业和果树业。这样的经营模式不仅将过去那种牲畜粪便堆积、环境污染成灾的状况转变为环境清洁、院落整齐，还能通过沼气工程，有效处理和合理利用人畜粪便，能温暖过冬、吃上有机蔬菜和有机瓜果、享受绿色食品，提高生活品质。真正达到变废为宝、一举三得的效果。

（二）"四位一体"生产模式的效益分析

1. 经济效益

首先，这种经营模式的中心部分是沼气工程。沼气工程改变了传统的取暖方式，同时也将人们从烦琐的家庭劳动中解放出来，用

于更多的创收劳动。据调查，建 1 座 8m³ 的沼气池，每年就能节省
1.0—1.5t 煤或 2t 薪柴，节约 200kW·h 电，而每户每年在煤电费
等开支上可节省上千元①。沼气工程是一次性投入、长期受益的工
程。过去农民都是自己拣柴、运煤来解决取暖、烧饭等日常需求。
实施沼气工程后，农民将用于拣柴、烧饭的时间节省下来用于创
收，增加家庭收入，提高其生活质量。其次，该循环农业经济模式
使用的是轻污染或无污染的绿色植物原料，饲养牲畜，提高有机
率，将有机肥料投入种植业生产，提高种植业食品安全性，从而在
产品销售上有明显的竞争优势，因此该模式具有良好的发展趋势和
广阔的发展前景。此外，通过沼气池生产出来的低成本有机肥料替
代了化学肥料和农药。据调查，每个沼气池年产沼液可达池容的 3
倍即 24m³，相当于提供硫酸铵 30kg、过磷酸钙 24kg、氯化钾 9kg；
年产沼渣 2.4m³，相当于氮素 10kg、磷 5kg、钾 8kg，每年节省开支
300 元②，运用低成本优质的有机肥料，增加农畜产品产量，也有抗
旱、抗病、防冻等作用。

2. 社会效益

第一，改变了农民的生产生活方式。沼气建设与庭院美化、绿
化、净化相结合，地下标准化沼气池与地上的厕所、鸡舍、猪圈等
相配套，把改厨、改厕、改圈等融入沼气建设中。农村庭院面貌整
齐、清洁、卫生，完全改变了"人无厕所猪无圈，房前屋后多粪
便。烧火做饭满屋烟，杂草垃圾堆满院"的旧面貌，大大改善了农
村环境，有利于农民的身心健康。第二，促进了精神文明建设。该
生态农业模式改变了北方地区"半年种田半年闲"的习俗，也因此
改变了该地区冬闲季节的一些陈陋风俗。第三，改良土壤、增加农
田肥力。长期施用沼肥，能促进土壤团粒结构的形成，增强土壤保
水保肥能力，从而减少化肥用量，促进作物优质高产。第四，保护

---

① 张军等：《北方农户生态农业模式及其效益分析》，《现代农业科技》2009 年第 10
期。
② 同上。

植被，减少水土流失。以沼气作生活用能，可减少对薪柴的砍伐量，有利于植被保护和水土保持。"四位一体"生态温室的建造，对农业生态建设、农户脱贫致富、农村经济建设将起到一定的促进作用。根据目前农村的实际情况，对于农村一家一户的种植、养殖和农村生活来讲，拿出资金来治理污染是不现实的。通过实行生态农业模式，既解决了农村能源问题，又从根本上治理了环境污染、保护了生态环境，增加了农民收入，投资少、见效快，整个生产工艺体现了清洁生产和生态循环，实现了种养殖业废物零排放、资源再生利用，是解决农业面源污染的有效途径。

3. 生态效益

第一，沼气作为农村燃料，减少了空气污染。1户建1座8m³的沼气池，年节省煤1.0吨—1.5吨。如果按1.2t计算，相当于减少烟尘排放1.2kg。对于一个有几百户人家的村庄，这就相当可观了，可从根本上改善空气质量。第二，人畜粪便进入沼气池，减轻了水质污染。在农村，人、畜粪便随意堆放，污染环境，在雨水的冲刷下，又造成水质污染。污物进入沼气池后，即使在雨天，也不存在外溢现象，从根本上解决了畜禽养殖造成的水质污染问题。第三，保护林地。建造1个沼气池，每年节柴2吨以上。如果按林地每年生长量7.5吨计算，相当于封育了0.27公顷的山林。既避免了资源的浪费，又避免了因砍伐林木而造成动物无家可归及水土流失，保护了生态环境。

二　丘陵区农牧业综合发展模式

位于黄土高原丘陵区的内蒙古准格尔旗，年平均气温6℃—7℃，全年的总降水量为358.4mm，比常年少38.1mm，但主要集中在七八月份，春秋季及夏季前期均出现旱情；日照时数平均5.9小时，日照率为67%。准格尔旗的植被为从森林草原向典型草原过渡带，土壤缺乏水分，生态系统不稳定，人工草场建设缓慢，农牧业经济发展滞后。该模式具有以下特点和效益：

（一）保护和合理利用天然草场

这种模式的资源基础是具有广阔的天然草场，只因气候条件差使其草场退化严重。应使用现代技术与措施，封育灌草植被，恢复严重退化的天然草场植被。具体应用封育技术、改良技术和立体配置技术等配套技术，有效地解决黄土高原地区植被严重退化的问题。该项模式在草原生态保护中被推广应用，为舍饲养殖提供了理论依据。

（二）引进和扩大优质牧草种植面积

一般来讲，草场的退化标志是草种草类的单一化，缺少优质种草，草种的适应性差，繁殖能力低下。发达国家均重视人工草场的培植和投入力度。例如，美国每小时投入 0.9—1.4 个劳动力和 25—35 千大卡矿物质燃料能源；澳大利亚每小时投入 1.9 个劳动力和 150 千大卡矿物质燃料能源。而我国对于草场的劳动力和能源投入非常有限。黄土高坡区为了避免和弥补这一问题影响到牧草生产和供应，采取人工种植草场，引进牧草品种、改良和推广优质牧草等方式解决了该问题，实现该地区畜牧业的稳定发展，获得较高的经济社会效益。

（三）优化畜种结构，扩大养殖规模

调整畜种结构，增加小尾寒羊、新疆细毛羊等优良畜种的比重，提高牲畜的繁殖能力，拉动畜产品产量的提高，扩大了畜产品生产规模，增进了畜牧业生产经济效益，也拉动了饲草业、畜产品加工业、畜牧业技术服务业等配套产业的发展。

三 秸秆资源综合利用模式

四川等地根据其丰富的农作物秸秆资源的优势，发展了秸秆畜牧业，得到了较好的经济效益和生态效益，为秸秆丰富的半农半牧区畜牧业的发展指引了方向。我国每年秸秆资源产量达到 7 亿吨，而实际利用率才 70% 左右，30% 的资源被白白浪费掉。该模式具有以下几个特点和效益：

第一，秸秆还田能保护和改善耕田。小麦、油菜和玉米等旱粮作物种植后，将稻子秸秆覆盖其上，发挥肥料和保护膜的功效，为小麦、油菜和玉米的生长保驾护航；而水稻收获后，排空水田，将薯种抛洒于田间，实现免耕播种，等马铃薯成熟后拣大留小，直到消苗为止。第二，秸秆还田，提高耕田肥力，节省劳动力。旱田耕作中，小麦收割后，用翻土机将小麦秸秆翻倒在田中，将其全部埋进土中，上面抛洒猪粪水和化肥将秸秆腐蚀，为种植甘蔗做准备。这种技术，将消化秸秆和种植甘蔗的作业同时完成，达到了节省劳动力的目的。第三，利用秸秆，发展食用菌产业。根据食用菌的生长环境特点，将大量农作物秸秆用做食用菌的栽培基料，不仅获得了食用菌的销售收入，也将食用菌的菌渣倒回农田，当做肥料而节省了农作物生产成本。

第六节　国内外半农半牧区发展模式的几点启示

恩格斯曾指出："历史不是神的启示，而是人的启示。"① 历史就是一面镜子，经历过历史的人就像在看镜子中的自己一样，通过亲自经历的历史变化、演替和更迭的对比才能捕捉到一些发人深省的道理和规律，做到温故知新。这种认识对于今天的人们来说是迫切需要的。总结近百年的半农半牧区的开发史及其经验和教训，带给我们很多启发。百年的历史从正反两个方面告诫我们：自然规律是不可违背的，自然界具有神奇的巨大力量，我们不能恣意破坏自然，不能过多地摄取于大自然，而应顺应自然规律，敬畏大自然，将自己作为大自然的一分子适应大自然的变迁，与大自然融为一体。历史事实告诉我们：我们不能过分陶醉于我们人类对自然界的胜利。对于这样的胜利，自然界会对我们进行报复。总之，近百年的国外农牧交错区的开发变迁历史给我们今天的半农半牧区经济发展问题提供了很多值得借鉴的启示。

一　半农半牧区具有举足轻重的地位

本章所分析的国外草原区与我国半农半牧区一样，在其开发过

---

① 中央马恩列斯编译局：《马克思恩格斯全集》（第1卷），人民出版社1995年版，第650页。

程中都存在一些问题，但是其农牧业发展以及整个经济的发展具有很强的潜力和实际生产能力，目前它的发展问题仍然具有举足轻重的地位和作用。

不管是美国、俄罗斯、非洲萨赫勒的干旱半干旱地区，还是我国146个半农半牧地区，它们的农牧业生产潜力不仅包括自然力，也包括承袭了几百年传统经济的当地土生土长的人力资源。该地区只要善于利用现代生产技术和保护生态环境的科学的方法和政策制度安排，适度开发、保护和利用资源，并做到扬长避短，有机结合自然资源优势和社会资源优势，其未来的发展潜力是无穷的。

二 自然灾难是自然和人类共同作用的结果

干旱半干旱的半农半牧区历史上所发生的和正在发生着的灾难和悲剧，都是自然界和人类自身共同作用的结果。在回顾近百年的农牧交错区的开发历史上的诸多经验和教训后，我们可以得出结论：自然界的特点和特有规律是客观的，各种灾难的产生表面上看似乎是自然现象，但是其产生与人类活动密不可分，人类在各种自然灾害中具有不可推卸的责任，是人类助推了自然灾害的发生。在人为因素中有一些特别值得我们去思考和反思的教训。例如"向旱灾进攻""斯大林伟大的改造大自然计划""绿色屏障工程""玉米运动"以及"无水草原上打井放供水项目"等活动当中，设计者和实施者们往往在不了解复杂多变的自然环境的情况，只靠满腔热情的干劲儿，急于求成的心，构筑起一个又一个"伟大"的工程，最后在实践当中又一个一个被无情地宣告失败。不仅浪费资源，也将自然界彻底破坏，推向永久不可恢复的境地。有的项目因领导人和设计实施者的人员更替，最后的结局是不了了之。因此，人类通过自身的控制和管理，对于很多自然灾害我们是可以防止或避免的。

三 时间和实践是检验真理的唯一标准

人类实践活动是一切理论的来源，也是检验国家各项方针、政策、措施正确与否的方法和准则。只有被实践检验通过的理论、方针、政策和措施才是可行的、有效的。实践指的是科学实验、生产生活实践和经济效益。马克思提出了检验真理的标准问题，他说：

"人的思维是否具有客观的真理性，这并不是一个理论的问题，而是一个实践的问题。人应该在实践中证明自己思维的真理性，即自己思维的现实性和力量，亦即自己思维的此岸性。关于离开实践的思维是否具有现实性的争论，是一个纯粹经院哲学的问题。"① 马克思这段有关实践的诠释，非常清楚地告诉我们，一个理论是否正确，要看它是否反映了客观实际。而看理论是不是真理，只能靠社会实践来检验。这就是马克思主义认识论的一个基本原理。

---

① 中央马恩列斯编译局：《马克思恩格斯全集》（第 1 卷），人民出版社 1995 年版，第 16 页。

第五章 半农半牧区传统经济 发展模式的利弊分析

经济发展模式是一种相对稳定的经济行为方式，但它也不是墨守成规、一成不变的。伴随着制约因素的变化，经济发展模式也会发生变化，其变化特点和规律既有共性也有特殊性。探索半农半牧区的经济发展模式，要在半农半牧区的经济运行实践中，加强客观性、自觉性，克服或减少主观性和盲目性。

第一节 影响经济发展模式的制约因素

马克思认为，"不论生产的社会形式如何，劳动者和生产资料始终是生产的因素。但是，二者在彼此分离的情况下只在可能性上是生产因素。凡要进行生产，就必须使它们结合起来。实行这种结合的特殊方式和方法，使社会结构区分为各个不同的经济时期。……因此，形成商品的人的要素和物的要素这样结合起来一同进入的现实过程，即生产过程"①。而生产资料包括劳动资料和劳动对象。根据马克思的理论，生产力就是人类运用劳动工具从自然界中获取资源的能力。不同的社会经济发展模式是，劳动者在不同的自然条件下与劳动资料、劳动工具相结合的稳定的运行形式。而要改变现有的模式，构建新的模式，必须在综合分析制约经济发展模式的诸多因素的基础上才能构建科学合理的新模式。

---

① 马克思：《资本论》（第二卷），人民出版社 1975 年版，第 44 页。

一　资源条件

俗话说，巧妇难为无米之炊。对任何一个处在其发展起步阶段的国家和地区来说，资源禀赋是其最基本的发展条件，也是影响区域经济发展模式选择的主要制约因素之一。恩格斯说："政治经济学家说，劳动是一切财富的源泉。其实劳动和自然界一起才是一切财富的源泉，自然界为劳动提供材料，劳动把材料变为财富。"[1] 资源条件主要是指自然资源，例如土壤、生态、矿产、交通、气候等[2]。农牧业的发展受资源条件影响程度更大。半农半牧区经济发展模式的形成和发展首先受其自然资源禀赋条件的制约。在漫长的历史长河中，半农半牧区的形成与发展的不同时期和不同阶段，其经济发展模式有所不同，由自然资源条件决定半农半牧区经济发展模式的选择注定与农区和牧区的经济发展模式选择不同。也就是说，因自然资源类型的不同，隶属一个国度或行政区划下也会形成不同类型的经济发展模式。根据比较优势理论，处于不同地理位置，具有不同资源条件的不同农村地区应该采取不同的经济发展模式。例如内蒙古半农半牧区的自然条件差，缺乏水资源，干旱少雨的气候条件长期制约其经济社会发展，使其经济增长始终不稳定，而单一的畜牧业发展模式和单一的种植业发展模式均会受到更大约束。因此，有史以来，半农半牧区居民选择了农牧结合为主导的生产生活方式。例如，内蒙古自治区农牧交错带 101 个旗县市中的 21 个是半农半牧区，33 个是牧区，47 个是农区。同样经济类型区因综合自然环境条件的区别可以选择不同产业主导型的发展模式。矿产资源丰富地区借助丰富的煤炭资源，走的是以煤炭资源为依托的资源推动型的经济发展模式，例如，鄂尔多斯市准格尔旗。区位条件和交通运输条件好的地区，利用其区位优势，选择以物流业发展为主导的产业发展模式，例如，通辽市科尔沁区。资源匮乏地区，

---

① 《马克思恩格斯选集》（第 4 卷），人民出版社 1972 年版，第 508 页。
② 曾祥麟：《内生增长与农村经济发展模式研究》，博士学位论文，吉林大学，2009 年。

可走超越资源依赖的非资源型经济发展模式，例如，奈曼旗设施农业经济发展模式。土地资源丰富，土地质量高的地区，适合发展粮食作物生产或农产品加工产业。例如，通辽市科尔沁区。畜牧业生产条件好的地区，可选择畜牧业经济主导型的经济发展模式。例如，库伦旗、科尔沁右翼前旗、扎鲁特旗等。

二 生产力的发展程度

一个地区的经济发展，除了受资源条件的制约外，还受到已有生产力发展程度的制约。而制约其生产力水平的主要因素也是资源条件。其中最为突出的是土壤条件差，土地贫瘠，化肥依赖性强。生产成本高，还有水资源严重匮乏，建设灌溉设备困难，基本上靠天经营农牧业，当地生产力水平很低。体现生产力水平的指标有很多，其中乡村劳动力人均耕地面积、耕田单位产量、农用机械动力和化肥投入量以及劳动力受教育和技能培训程度等等。内蒙古半农半牧区乡村劳动力拥有的人均耕种面积为15.6亩，与全区水平相比低8.25亩。每公顷耕地机械动力为4.12千瓦，比全区水平低0.12千瓦。化肥投入量为每公顷耕地250千克，比全区平均水平高2千克（化肥依赖性较高）。随着经济发展宏观环境的改善，内蒙古半农半牧区的生产力也正在稳步提升，与发达地区生产力水平的差距越来越小。按马克思的经济理论，生产力决定生产关系，生产力水平就是资源条件的综合表现。如果对于资源能够合理开采和利用，则制度推动力强生产力就会提高。全国经济的发展水平、科学技术的发展情况均为地区生产力水平的提高提供有力的基础。

三 政府的作用

用马克思政治经济学理论分析，政府的作用属于上层建筑，即政府的组织协调作用均被包括在生产关系当中。如果政府的组织引导合理、正确，会促进生产力水平的提高。而区域经济发展问题、城乡协调发展问题等宏观或中观层面的问题必然与政府的主导型作用有密切联系。地方政府是中央政府和市场微观主体之间的传导力量，它对本地区农村经济发展问题的作用是不可忽略的。作为农村经济主体的农牧民一般没有更高更远的目光，不会从地方总体发展水平的角度来看问题。只有政府才能从国家和地区整体利益出发，制定更具长远的发展战略和规划。而中央和地方两级政府各司其职，上下合力，共同促进农村经济发展。其中中央政府是从国家整体经济发展出发，从国家整体利益的角度，提出有利于农牧区经济社会发展战略和总体部署，而地方政府则把中央政府的意图和精神传达落实并实施。所以中国中央政府的角色就是音乐指挥家，而地方政府则是音乐家，而农民则是音乐欣赏者。我国农村经济发展比较好的，已经成为发展模式的成功案例很多。其中，安徽省小岗村的改革就是由当地政府根据农民的意愿组织成功，在中央政府和地方政府的极力配合下才能解决农村经济发展问题。这是中国农村经济发展模式共有的特点，即农村经济发展的主要动力来自政府。它是政府自上而下的行政性指导的产物。其中，地方政府在农村发展中的角色是极其重要的，地方政府是连接中央政府和基层农牧民的中介，它的连接作用非常重要。

四　社会文化

社会文化内涵非常丰富，是一种看不见的力量，既有推动经济发展的作用，也有约束经济发展的力量。社会文化就是经济发展中的软环境，是看不见的资源或无形的资源。社会文化包括文学艺术、宗教信仰、风俗习惯等社会意识形态，也包括人与人之间的人际关系等重要的社会资源。这些资源没有正式的形式，其约束力因人而异。但是这种非正式的关系能带来正外部性影响，在特殊环境和特定时期，其产生的效益是难以估量的。有人将其称为社会资本。例如，温州人的创新意识和创业精神，形成一种特定的稳定行为模式，就是温州模式。鄂尔多斯蒙古人有其特有的社会文化，他们较早接触中原地区农耕文化，在农耕和游牧两种文化几百年的碰撞和影响中与其他地区的蒙古人相比，有更强的生存和发展能力，更具有创新性和挑战性，从而创造了市场化竞争和发展中的奇迹——鄂尔多斯模式。在鄂尔多斯模式的启发和示范作用下，内蒙古人创造了内蒙古模式。虽说与其特有的自然资源优势有关，但是其资源的开发者的智慧、社会文化会深深地渗透在其中。

在历史上，半农半牧区传统经济发展模式的形成与发展，除了受到其特殊的自然条件、生产力发展水平和政府的制度安排等因素的影响以外，还受到了来自中原地区的农耕文化的影响。现如今，内蒙古半农半牧区受到工业化和城市化的影响，社会结构和社会文化发生进一步的变化，这成为新型经济发展模式的选择和构建的必然要求。因此，在一种经济发展模式的形成和发展过程中，社会文化的力量是不可低估的。在半农半牧区经济建设和发展模式的选择上必须重视除正式制度以外的民族文化、地区文化等非正式制度的影响。

第二节　内蒙古半农半牧区传统经济发展模式的演变过程

按照马克思的产权理论，产权是生产关系的法律表现，是用来界定人们在经济活动中如何受益和受损，以及如何进行补偿的市场规则，产权的变化影响制度的变化。有效界定产权有利于建立良好的市场运行规范，减少经济活动中的不确定性，有效地配置资源。

一　80 年代家庭联产承包责任制改革

1981 年，内蒙古半农半牧区传统集体所有制经济，进行了农牧业生产责任制和牧场责任制改革，除了集体所有的草场未进行承包外，生产队集体所有的耕地、牲畜、农牧业生产资料等都分给社员，完成了国家推行的家庭联产承包责任制的改革（以下简称承包制改革），从而打破了社会主义土地改革之后一直持续的土地生产资料人民公社、生产队集体所有，农牧业经营由生产队组织进行的集体所有制。从本质上说，承包制改革是对原有集体草场和耕地的使用权由集体归属转变为农牧户所有的改革，按马克思的产权理论分析，就是草场所有权与经营权的分离，即草场所有权集体所有，使用权和收益权归农牧户所有。这里的使用权和收益权是指牧民可以经营和收益承包到户的草场和耕地，而分配到手的牲畜和生产工具农牧户可自由支配。承包责任制的实行，打破了半农半牧区实施20多年的集体经济管理模式，构建了草场由集体所有，牲畜由牧户经营的两权分离新型经营模式，是对半农半牧区土地所有制的产权制度改革。然而，没有承包到户的集体草场却在农牧民的利益驱动下遭到严重的破坏，生产效率受到明显的影响。

二 90年代"草畜双承包"制度改革

进入上世纪90年代中后期，国有农牧场经济效益日益下降并开始解体。为了适应畜牧业经济集约化发展需要，半农半牧区的政府对草场产权制度，做了进一步的调整和改革。这一阶段草牧场产权制度改革的核心是草场使用权承包问题，即在牲畜、耕地和生产资料包干到户的承包制改革基础上，推行了"草畜双承包"产权改革。即国家和集体继续持有草场所有权，农牧户拥有草场使用权、经营权和流转权。"草畜双承包"制度，将对草原从无偿占有、使用和收益，改变为有偿使用、自主经营、自由流转，致使草场资源具有了商品性质，为草场利用率和草场价值的提高奠定了基础，也确定了草场资源的价值，提高了人们对草场的合理利用和保护的意识。

三 农牧民专业合作社经营模式的尝试

2007年7月1日起，我国颁布实施《中华人民共和国农民专业合作社法》，半农半牧区先后成立了各种农牧民专业合作社，打破了半农半牧区传统的生产组织模式，尝试了新的生产组织模式。在家庭联产承包责任制集体所有制框架下，只有一家一户形式经营的单一的经营模式被打破，以农牧户联合经营、企业农户联合经营等新的生产组织经营模式，雨后竹笋般地涌现在内蒙古半农半牧区。截至2014年年底，全国农民专业合作社数量已达141.18万家，正从数量型的发展向质量型发展提升[1]。内蒙古自治区的农牧民专业合作社截至2014年年底，已发展到6.3万户[2]。经营范围已经覆盖

---

[1] 中国农民合作社研究网，http：//www.ccfc.zju.edu.cn/a/shujucaiji/20150717/20455.htmml。

[2] 内蒙古新闻网，http：//inews.nmgnews.con.cn/system/2015/05/27/01169211g.shtml。

了农牧业生产资料购买、农畜产品加工、销售、运输、储藏以及与农牧业有关的所有项目，部分农民专业合作社已开始走向跨地区、跨行业联合的发展道路。

第三节 半农半牧区传统经济发展模式及其特点

半农半牧区传统经济发展模式是与新型经济发展模式相比而言的，是指在家庭联产承包责任制框架下，以一家一户为生产单位的农牧业简单结合，生产的规模化、产业化和机械化程度较低的经济模式。

一 传统经济发展模式的特点

半农半牧区传统经济发展模式是将种植业和畜牧业简单结合，强调种植业的主导地位，以粮油生产为主，以畜牧业为辅，满足人们的温饱为目标，追求单一的经济效益的经营模式。

(一) 农牧业结合经营

农牧业结合经营是半农半牧区传统经济发展模式的主要特点。种植业和畜牧业具体结合方式上，有的地区是以种植业为主，以畜牧业为辅；有的地区以畜牧业为主，种植业为辅。内蒙古半农半牧区，绝大部分地区的农牧业结合是以种植业为主、畜牧业为辅的经营方式。这一特点与农区和牧区完全不同。传统的农牧业结合经营是由下面几个原因导致的：一方面，畜牧业作为蒙古族传统产业，是具有特定内涵的特有经济。另一方面，自然条件决定半农半牧区的种植业具有很大的波动性和不稳定性，必须由畜牧业经济来辅助经营，以降低风险。例如，在没有灌溉设备的传统经济条件下，连续的干旱天气很有可能将种植业摧残得颗粒无收。但是牲畜是活动的，很容易解决问题。另外，畜牧业的产品牲畜，具有很强的灵活性，它没有刚性的收入季节性，有突发的大支出时，可以随时将牲畜卖掉，变成收入。

（二）生产组织方式是以一家一户为单位的分散经营

劳动力构成以家庭成员为组织，因而劳动力数量少，生产经营规模小。劳动组织纪律松散，基本靠家庭成员的自觉性和道德约束来组织劳动者。劳动力素质低下，基本靠经验进行劳动，劳动力的转移性差。分配原则上，家庭成员不追求严格的分配公平性。所经营产品的生产、加工和销售等各环节基本相互脱离，农牧民除了生产环节以外其他各环节的收益均得不到。

（三）技术含量低、抗风险能力弱

传统农牧业经营基本上是"靠天吃饭"型的。例如，种植业生产水平的高低基本上由自然条件的好坏来决定。耕田肥沃度、降雨量和自然灾害的发生率等自然条件，直接影响半农半牧区的农作物及粮食产量的高低。也因半农半牧区的不稳定的自然条件，该地区农牧业生产的波动性强，两年一小旱，五年一大旱，风调雨顺能丰收，遇上旱灾大减产。传统畜牧业生产也是因抗旱抗灾技术的有限，产量极其不稳。遇上雪灾、旱灾、牲畜流行性疾病等灾难后，牲畜掉肉掉膘，减产减量，甚至导致大批牲畜的冻死、饿死和病死等灾难，影响农牧业产量和产品质量的提高。例如，2012年冬天内蒙古通辽市遭遇大雪灾，使全市3.2万人受灾，575座温室大棚被雪压塌、792座严重受损。同时，大雪造成大量牲畜饲草料短缺，死亡牲畜近500头，全市因雪灾造成直接经济损失达5240万元①。总而言之，半农半牧区传统农牧业经营模式是简单的横向结合模式，从社会再生产各环节之间的纵向结合尚未成熟。

（四）交通条件差，市场信息闭塞，农畜产品商品率低

半农半牧区传统经济发展模式下，市场信息流动性差，信息严重不对称。农牧民没有准确把握自己所从事的产品生产的供求状况的途径，缺乏对未来市场走势的正确判断，从而更多地依靠农户个人的经验判断来安排生产规模和生产结构。例如，笔者所走访的科

① 《雪灾造成通辽市直接经济损失5240万元》，［EB/OL］. http：//tongliao. nmgnews. com. cn/system/2012/11/16/010867711. shtml。

左后旗一个半农半牧嘎查几户农民，根据上一年的花生价格种植大面积的花生，结果等到秋收出售时价格大幅度回落，连成本都没收回，遭到严重的经济损失。农畜产品的出售基本依靠外地收购商的收购，在交易当中，农牧民总是处于被动接受市场价格的地位。

二 传统农牧业经营模式的有利之处

家庭联产承包责任制改革实施之初，对半农半牧区经济发展起到了积极的推动作用。改革使农牧民获得了经济上的自主权和平等权，使生产积极性空前高涨，劳动效率明显提高，畜产品流通恢复正常，农牧户收入水平提高显著。

（一）促进农业发展，提高粮食产量

家庭联产承包责任制的实行破除了人民公社的绝对平均主义倾向，代之以更为灵活高效的生产方式，使农民生产的积极性大增，农业产量大幅度提高，生活水平显著改善，繁荣了农村经济，解放了农村生产力。在1978—1985年间，粮食的增幅达到新中国成立以来的最高峰。时至今日，中国仍旧以7%的土地养活着世界上21%的人口，可见其效果之显著。

（二）保持了社会主义公有制，减少了改革阻力

这在今天看来似乎太强调意识形态，但在那个刚从"文化大革命"走出来的时代背景下，承认土地的公有制确保了家庭联产承包责任制能够有效地向全国各地广泛推广，减少意识形态的阻力。在保持土地集体所有制的前提下，经营权下放到个人手中，既保持集体社会主义公有制，也能发挥生产者的积极性，提高生产效率，是一种创新。它在半农半牧区当时的农业生产特点和农村社会发展条件下，以立竿见影的显著经济效率，赢得农牧民的肯定，减少了很多来自各方的改革阻力。从某种程度上讲，承包制是中国农民的伟大创举，也是农村经济体制改革的成功实验。

（三）促进农村商品经济发展，繁荣全国市场经济

实行家庭联产承包责任制后，农产品产量大幅度提高，剩余农产品增加，农民就可以将多余的粮食和农产品出售，大大丰富了商品的种类和数量，从而扩大了自由市场。而且，农民可以自主选择种植农产品的种类和数量，根据当地比较优势选择收益较高的经济作物。这样一来，农民通过有效的经营，就可获得良好的收成，使农民手上的现金大增，消费需求增加，扩展了国内市场，这大大有利于整个宏观经济的快速健康发展。

（四）为乡镇企业的崛起奠定了基础

首先，随着家庭联产承包责任制的深入实施，半农半牧区的农牧业发展加快，农牧民增收，除了满足基本生产生活消费需求外，农牧民手头有了现金收入剩余，储蓄倾向增强，满足了乡镇企业发展所需的原始资本积累需求。这在当时资本要素极为稀缺的背景下无疑是雪中送炭。其次，随着农民生活水平的提高，农民的消费需求增加，为以生产轻工业产品为主的乡镇企业提供了广阔的需求市场。再次，在家庭联产承包责任制下，农牧民有了更多的土地支配权和生产自主权。农民可以在政府统一安排下出让土地，为乡镇企业提供廉价的土地资源。此外，农村承包制改革后，农民不被限制在农村和农业生产劳动上，可以自由支配自己的劳动时间和职业选择，这为当时刚刚起步的乡镇企业提供了丰富的廉价劳动力，成为乡镇企业发展的良好机遇和条件。

总之，家庭联产承包责任制是党在农村基层实施的一项重要改革，改革给半农半牧区带来了生产力的解放和农村经济的发展。但随着改革的不断深入，家庭联产承包责任制的局限性也不断显露。尤其是经济的市场化发展，一家一户的小规模分散经营，已经不能适应农业和农村经济发展的要求。

三　传统农牧业经营模式的不利之处

（一）家庭联产承包责任制，拉大了农牧民贫富差距

随着家庭联产承包责任制的推进，在半农半牧区逐渐形成两极分化现象。一部分农牧民借助个人能耕善种和善经营懂管理的优势，畜群头数增多，农产品产量提高，从而农牧业收入增多，成为当地"万元户""十万元户"，进入富裕阶层。而部分农牧民则因信息不对称、经营不善以及生活上的压力等诸多原因而致贫。

（二）家庭联产承包责任制，削弱了社区功能，淡化了集体观念

实施草畜和耕田承包制以来，半农半牧区的生产活动是以家庭为单位进行的。虽然在农忙季节或开展特殊活动时有互助行为，但没有在生产队集体劳动时那样普遍而稳定的联合。平时忙于各家的生产劳动，人与人之间、户与户之间的联系非常少。特别是在实施乡村公共事业的工程时，组织起来的难度较大。人们都不愿意参与公共劳动，即使参与也极其被动。功能不断地被削弱的社区，在乡村建设和村民管理中的作用越来越小，有的村委会连办公地点都没有。再加上实行"单干"后农民的各扫门前雪的小农意识得到强化，只为自己经济利益而努力，基础设施建设的热度逐渐降低，村间道路、校舍建设和改进等公共事业工程难以进行，从而影响了半农半牧区的整体发展。

（三）家庭联产承包责任制下，难以实现农牧业现代化

承包制的实施，搞活了半农半牧区经济，同时，家庭联产承包责任制的实施，致使农民小农意识的复苏和强化，为基层干部的腐败构筑了温床。每家每户只管自己的"一亩三分地"，个人只顾个人的得失。人民公社（生产队）时期的基层干部监督机制被打破，基层干部的选拔和干部工作作风及效率的考核监督机制被扭曲。具体而言，人民公社（生产队）时期，干部的组织行为由生产队成员集体监督，而现如今，只要不关自己的事，农牧民就不愿意过问，更不敢得罪村干部。因此，可以说家庭联产承包责任制是农村基层组织和干部队伍产生腐败的一个重要原因。

第四节 半农半牧区传统经济发展模式下的经济发展状况

一 生产力水平低下，经济效益差

一家一户的生产形式，生产规模小，交易成本大，抗灾能力低，市场风险高。根据有关统计数据，半农半牧区各旗县之间的生产力

发展水平很不均匀。除了少数地区的生产条件较好外，大部分半农半牧区土地和草场质量低下，处在靠天种植、靠天养畜状态，农牧户的农牧业生产主观能动性不强，农牧业生产的波动性强。例如，内蒙古通辽市牲畜头数由 2001 年的 450.1 万头（只）猛增到 2013 年的 1079.41 万头（只）。12 年中，平均每年增长了 7.67%。很显然，半农半牧区畜牧业发展，虽然在数量上增长明显，但是，半农半牧区养殖业，仍然是粗放型、高耗型的养殖业，能保证农牧民稳定而持续增收的畜牧业增长机制尚未形成。

二 技术含量低，生产效率低

半农半牧区的生产组织方式还是以单个农户为单位的家庭联产承包责任制，其局限性越来越明显。尤其是随着工业化的发展，农业的机械化和自动化、半自动化以及化肥使用率的提高，农户家庭的生产力水平有所提高，之后农业劳动力的剩余量越来越大。然而，应对工业化和城市化的就业服务体系的建立却显得过于缓慢。就业服务体系很难满足城乡劳动力的自主就业、转移就业等的需要。特别是农村牧区劳动力转移所需的就业培训方面存在很多的问题。地方政府虽然也组织一些劳动力培训，但缺乏实用性和普遍性，没能真正达到国家预期的目标和劳动者的真正需求。经济结构的不合理带来了结构性失业问题。从产业结构上看，2013 年，内蒙古生产总值中，第一、第二、第三产业所占比重分别为 9.5%、53.9%、36.5%，而同期第一、第二、第三产业的就业比重却分别为 41.8%、18.7%、39.9%，不难看出，内蒙古四成多的劳动力仍然滞留在农牧业。

三 生产行为短期化，生态效益差

在半农半牧地区因人口剧增，资源与人口矛盾急剧上升的条件下，人们不顾大自然给予我们的条件是否允许人们极力索取，盲目追求高产量，进行掠夺性的开垦和生产，使原本的大自然规律遭到严重的破坏，大自然内部的运行机制和生物链条受到毁坏。以内蒙古林西县为例，该县的开垦运动高潮是在 20 世纪五六十年代发生的。在全国社会主义建设高潮中，曾经是典型牧区的林西县，开垦了大面积的牧场变为耕地，从 50 年代以后其耕地基本没扩大，保持在 100 多万亩。因为可开垦的土地基本开垦完毕，剩余的就是沙地和林地，还有小面积的水域，其用于农业生产的全部耕地比重最高也不到 40%，加之其年降水量不到 400mm，且分布不均，生态环境极其脆弱。

四 对农牧业互补作用的发挥差，资源浪费严重

在内蒙古半农半牧区，各种秸秆资源非常丰富。然而，秸秆资源浪费、农牧业互补性发挥不佳的现象普遍存在。每年秋收时节，农牧民都忙于农作物的收割，对于秸秆资源而言，没有精力或时间去精心管理，一般都随意处理。因而将很大一部分秸秆资源当作土壤所需的肥料而烧掉或随意舍弃在田地中，这引起很大的资源浪费和环境污染。

第六章　构建半农半牧区新型经济发展模式：生态经济模式

半农半牧区传统经济发展模式已不能适应现代市场经济的发展要求，制约着半农半牧区经济的可持续发展，构建新型的经济发展模式成为半农半牧区的必然选择。生态经济作为一种科学的发展观，是顺应国际潮流，落实可持续发展的必然选择。因为，目前全人类均面临着人口、资源、环境等制约发展的严峻问题。生态经济发展模式已经是全世界各国追逐的新潮流、新型发展模式。

第一节　半农半牧区构建生态经济模式的必要性

一　构建生态经济发展模式是恢复和保护生态环境的需要

由于半农半牧区的特殊自然条件和地理气候特征，其生态环境的好坏、经济社会发展程度的高低，直接影响到周边区域、全国乃至周边国家的生态安全。

在农村牧区进行草场和耕田家庭联产承包责任制以来，草场退化、单位产草量下降以及畜产品单体肉产量的下降现象越来越严重。也因诸多原因，曾经的茫茫大草原变成鼠害不断、沙尘飞扬的恶劣生态地区。如果不尽快改变这样的状态会直接影响到半农半牧区经济社会发展，甚至威胁到人们基本的生活和生产。通过构建新型的经济发展模式，恢复和保护生态，为新农村建设与和谐社会的构建提供最基本的生态环境基础。

二 构建生态经济发展模式是提高经济效益的需要

众所周知，我国实施改革开放以来的 30 多年时间里，国民经济得到了前所未有的快速发展，GDP 增长创下了年均近 10% 的纪录。2011 年我国 GDP 总量超过日本，跃居世界第二名。但是，二元经济结构尚未打破，农村牧区并未享受到这种高经济增长带来的成果。尤其是处于农区边缘和牧区边缘的半农半牧区长期以来一直被边缘化，基本未能享受经济发展成果。内蒙古的半农半牧区是我国农村牧区的重要组成部分，也是我国北方半农半牧区的主体部分。事实证明，在农业技术快速发展的现代社会中，农区的经济发展远比牧区和半农半牧区快，而与农区相比，牧区和半农半牧区的经济发展非常滞后。尤其是，内蒙古 21 个半农半牧旗县当中，一半是国家级贫困县，致使内蒙古东西部地区间的收入差距逐年拉大。通过内蒙古半农半牧区经济发展新型模式的构建，改善生态环境，保证社会经济的可持续发展，并有效提高该地区的农牧民收入。

三 构建生态经济发展模式是保护和有效利用资源的需要

资源浪费是经济发展中的重大问题。虽然内蒙古的总体经济发展水平不断提高，内蒙古"呼包鄂"地区的发展甚至达到了发达地区的水平，但是内蒙古中东部地区的发展很落后，而大部分半农半牧旗县都集中在中东部地区。

半农半牧区的经济发展明显滞后，然而，半农半牧区却普遍存在严重的资源浪费现象，与其经济发展的滞后，形成讽刺性的对比。内蒙古半农半牧区，每年扔掉和烧掉大量的秸秆资源，不仅污染生态环境，也造成大量的资源浪费。因此，探索半农半牧区经济发展的有效模式和途径是关系到内蒙古地区间差距的缩小和区域经济协调发展等重大问题。

四 构建生态经济发展模式是实现可持续发展的根本出路

生态经济发展模式的实质就是可持续发展。从半农半牧区的发展现状和国内外经济发展模式的成功案例来看，通过改变半农半牧区传统经济发展模式，构建和完善生态经济模式是半农半牧区实现可持续发展的根本出路。

种植业和畜牧业是半农半牧区地区经济的支柱产业，然而其经营方式的粗放和劳动生产效率的低下，致使农牧民增收非常缓慢，生产和生活水平的提高不明显。近五年的半农半牧区农牧民人均收入增长速度比全区平均水平低 1.6 个百分点，2012 年，农牧民人均收入绝对量上，半农半牧区比农区低 752 元①。

要提高农牧民收入，改变农牧民贫困局面，其根本出路在于农牧业经济的可持续发展。通过生态经济模式的构建，促使农业牧业两大支柱产业之间的有效循环，实现资源在产业和空间上的良性循环，节约资源，解决劳动力的闲置问题，实现生态平衡，同步提高农牧业的经济效益、社会效益和生态效益，促进农牧业的可持续发展。

从全国各地经济发展经验来看，因地制宜的生态经济模式，因其科学运用农业学、生态学、经济学等原理，遵循人与自然和谐共处的发展规律，实现物质资源循环利用，带来了生态环境的改善，达到经济效益与社会效益、生态效益高度统一的目标。例如，辽宁省"四位一体"的生态经济模式和内蒙古准格尔旗丘陵农牧结合模式以及山东因地制宜的不同发展模式等，体现了生态经济发展模式的重要性。因此，构建半农半牧区经济发展的有效模式，有利于内蒙古地区间发展差距的缩小和半农半牧区经济的可持续发展。

第二节　构建半农半牧区生态经济发展模式的理论和政策依据

本世纪以来，中央政府高度重视农区、半农半牧区和郊区畜牧业的发展，出台了一系列扶持文件政策，为半农半牧区畜牧业的发展提供了有力的政策依据。半农半牧区要认真领会中央政策的精神和用意，利用中央政府和地方政府的支持，积极挖掘地区优势特

---

① 根据《内蒙古统计年鉴》（2009—2013）相关数据整理所得。

点，科学分析农牧业经济发展的竞争环境，构建适合半农半牧区的新型经济发展模式。

一 构建半农半牧区生态经济发展模式的理论依据

（一）马克思、恩格斯的生态经济思想

马克思和恩格斯没有系统地研究生态经济，因此也没有完整的生态经济理论体系。因为那个时候，生态问题还没有达到引起人们注意的程度。马克思和恩格斯的有关生态经济的思想和观点主要散见于其自然观、实践观和社会历史观中。马克思和恩格斯认为，人与自然界是有机整体，而不是对立物。他们指出："我们统治自然界，决不像征服者统治异民族一样，决不像站在自然界以外的人一样，——相反，我们连同我们的肉、血和头脑都是属于自然界，存在于自然界的；我们对自然界的整个统治，是在于我们比其他一切动物强，能够认识和正确运用自然规律。"[1]

马克思和恩格斯认为，生态经济的保护和发展受到现有不合理社会制度的阻碍。马克思举例说明资本主义不合理制度对土地等自然资源的掠夺性开采和利用导致生态恶化结果，指出"资本主义生产使它汇集在各大中心的城市人口越来越占优势，这样一来，它一方面聚集着社会的历史动力，另一方面又破坏着人和土地之间的物质变换，也就是使人以衣食形式消费掉的土地的组成部分不能回到土地，从而破坏土地持久肥力的永恒的自然条件。"[2] 恩格斯认为，自然环境被破坏是由人和自然界的对立所导致，而在生产资料私有的资本主义社会制度下，生产资料统治者的任何经济行为都是与自然界对立的。因为在利润最大化驱动下，资本家会不惜一切代价（包括破坏自然环境）去追求利润。因此，必须要"对我们现有的生产方式，以及和这种生产方式连在一起的我们今天的整个社会制度实行完全的变革"[3]。而保护生态环境必须改革破坏生态环境的不

---

① 《马克思恩格斯全集》（第20卷），人民出版社1971年版，第519页。
② 《马克思恩格斯全集》（第23卷），人民出版社1971年版，第552页。
③ 《马克思恩格斯全集》（第20卷），人民出版社1971年版，第521页。

合理的社会制度，构建科学合理的经济发展模式。

（二）邓小平的生态经济思想

邓小平从生态和经济的关系出发，对生态经济问题做了科学的解释。他认为，两者关系中生态发展是经济发展的重要组成部分，所谓的经济发展要包含生态发展，离开生态发展经济发展就不完整；而经济发展是生态发展的基础，有了经济发展才能保证和促进生态安全。邓小平针对如何治理我国西北地区黄土高原水土流失问题指出，先种草后种树，把黄土高原改变为草原和牧区，就会给人们带来好处，人们富裕起来，生态环境也会得到恢复[①]。

（三）江泽民的生态经济思想

在领导我国改革开放的经济建设过程中，党中央领导人在实践当中总结和提炼出了很多经典的发展理论和模式。而有关生态经济发展方面，江泽民同志提出了很多有价值的观点。他在党的十四届五中全会上讲，"在现代化建设中，必须把实现可持续发展作为一个重大战略。要把控制人口、节约资源、保护环境放到重要位置，使人口增长与社会生产力的发展相适应，使经济建设与资源、环境相协调，实现良性循环。"[②]

（四）党中央在十八大报告中提出的生态经济发展理念

党的十八大报告中提到，"全面落实经济建设、政治建设、文化建设、社会建设、生态文明建设五位一体总体布局，促进现代化建设各方面相协调，促进生产关系与生产力、上层建筑与经济基础相协调，不断开拓生产发展、生活富裕、生态良好的文明发展道路。"[③]

党的十八届三中全会报告中也进一步强调，"加快发展社会主义市场经济、民主政治、先进文化、和谐社会、生态文明，让一切

---

① 中共中央文献研究室：《邓小平思想年谱》，中央文献出版社1998年，第240页。

② 《正确处理社会主义现代化建设中的若干重大关系》，《江泽民文选》（第一卷），人民出版社2006年版，第463页。

③ 《党的十八大报告》，http://www.xj.xinhuanet.com/2012-11/19/c_113722546.htm。

劳动、知识、技术、管理、资本的活力竞相迸发，让一切创造社会财富的源泉充分涌流，让发展成果更多更公平惠及全体人民"。

二 构建农村牧区生态经济发展模式的政策依据

（一）中央政府有关农村牧区经济发展的政策

有关现代农业的发展问题，本世纪以来，中央的每个一号文件中均有强调，并且均有具体负责部门和具体措施要求。

2003 年中央政府提出"充分利用主产区（粮食）丰富的饲料资源，积极发展半农半牧区畜牧业，通过小额贷款、贴息补助、提供保险服务等形式，支持农民和企业购买优良畜禽、繁育良种，通过发展养殖业带动粮食增值"①。这为半农半牧区经济发展注入了强劲的动力。

2010 年的中央一号文件中，首次把林业、牧业和抗旱节水机械设备纳入到补贴范围，并要求"逐步完善适合牧区、林区、垦区特点的农业补贴政策"②。

2011 年，中央政府强调"在牧区、半农半牧区坚持以草定畜，因地制宜发展草原畜牧业，在半农半牧区大力发展设施畜牧业，推进标准化规模养殖"③。

总之，从中央到地方各级政府的有关农区和半农半牧区畜牧业发展方面的各项优惠措施，对于半农半牧区畜牧业的发展来说是难得的机遇，是有力的政策保障，能为半农半牧区畜牧业的发展保驾护航，从制度环境层面上解决了阻碍半农半牧区畜牧业发展的问题。

（二）中央政府有关生态经济发展模式的政策

我国早在 20 世纪 90 年代初，在《中国 21 世纪议程》中明确提

---

① 国务院：《关于促进农民增加收入若干政策的意见》[EB/OL]. http：//news. sina. com. cn/c/2004 - 02 - 08/12311745444s. shtml。

② 《关于加大统筹城乡发展力度，进一步夯实农业农村发展基础的若干意见》，[EB/OL]. http：//money. 163. com/10/0131/18/5UCK769F00252G50. html。

③ 《关于进一步促进内蒙古经济社会又好又快发展的若干意见》，[EB/OL]. http：//www. gov. cn/zwgk/2011 - 06/29/content_ 1895729. htm。

出要走生态经济可持续发展道路。国务院 1998 年 11 月发布的《全国生态环境建设总体规划》指出，要从实际国情出发对全国陆地生态环境建设的一些重要方面进行规划，主要包括：天然林等自然资源保护、植树种草、水土保持、防治荒漠化、草原建设、生态农业等①。2000 年 12 月《全国生态环境保护纲要》从生态环境保护的重要性出发，根据我国生态环境及保护现状，指出全国生态环境保护的指导思想、基本原则与目标，对重点生态环境区（包括半农半牧区等生态脆弱区）的生态保护，提出了对策和措施。② 2003 年党中央国务院制定并印发了《中国 21 世纪初可持续发展行动纲要》，总结了 10 年来我国实施可持续发展的成就与问题，提出了可持续发展的指导思想、目标与原则，规定了可持续发展的重点领域，提出了实现可持续发展目标的保障措施③，把环境保护摆到更重要的战略位置，并将"加强生态环境建设"作为扩大内需、保证增长的重要措施之一。

（三）自治区政府有关生态经济发展模式的政策

2000 年，自治区党委、政府发布了《关于深入开展农村牧区税费改革试点工作的实施意见》（内党发〔2000〕7 号）文件，并决定从 2001 年起，推行农村牧区税费改革试点工程。

2001 年，自治区政府颁发《内蒙古自治区退耕还林（草）工程管理办法（试行）》、《内蒙古自治区生态环境建设项目管理办法（试行）》等 9 个文件，推动了生态环境的建设和保护。

2005 年，自治区政府全部免征涉农涉牧税费，全面实施围封、禁牧、休牧、划区轮牧、舍饲圈养、人工种草和生态移民等生态保护措施，转变了粗放的畜牧业生产方式，有效促进了植被的恢复，增加了牧草产量，加快了畜牧业发展。同时，加大农业综合开发和扶贫投入力度，改善了农牧民的生产生活条件，促进了农业综合生

---

① 《全国生态环境建设规划》，《光明日报》1999 年 1 月 7 日。

② 《全国生态环境保护纲要》，《广州日报》2000 年 11 月 28 日。

③ 《我国发布 21 世纪初可持续发展行动纲要》，[EB/OL].http：//news. xinhuanet. com/zhengfu/2003 – 07/25/content_ 992773. htm。

产能力提高和农牧业产业化进程。

"十五"期间，自治区政府积极发挥公共财政的职能，全区生态建设资金累计达到了232.3亿元人民币，占五年内财政一般预算支出总额的30.4%，保证了重点生态建设项目的资金需求。

自治区政府从2011年起，对补奖区域内的草原变化情况进行监测，制定了《草原补奖监测评价标准与方法》，监测包括植被生长状况、生态状况、家畜状况等30个指标。

中央和自治区两级政府有关农牧业发展和生态建设方面的一系列政策，为半农半牧区生态经济发展模式的构建提供了重要的政策依据和制度保障。

第三节　内蒙古半农半牧区发展生态经济的优势

一　发展农牧业循环经济的优势条件

资源是经济发展的最重要基础。传统畜牧业的发展主要靠天然草场的资源，而天然草场资源越来越少，人地矛盾和草畜矛盾越来越严重。只靠天然草场不用说发展，基本的维持生存都显困难。农产品资源越来越成为畜牧业发展的重要补充条件。半农半牧区不仅有丰富而无污染的天然草场，也有发展畜牧业所需重要的饲草料资源。其饲草资源的种类多、贮量大，具备了发展农牧业生态经济的条件。例如，种植业所提供的大量玉米秸秆是畜牧业发展所需的重要资源。如果半农半牧区能充分发挥其资源优势，深度挖掘草地和耕地的生产潜力，强化农牧复合生产的循环系统，其前景非常乐观。

二　种植业与畜牧业并重的产业优势

在农牧交错带，种植业和草地畜牧业在空间上交错分布，时间上相互重叠，一种生产经营方式逐步被另一种生产经营方式所替代①。与农区和牧区的产业结构相比，半农半牧区有自己的绝对优势。其优势体现在种植业和畜牧业之间的产品互补、相辅相成、互相依赖的关系上，二者各自的发展客观上满足对方的发展需求，达到双赢的效果。随着畜牧业结构和种植业结构的不断优化和二者间的有机结合，各自内部结构也会得到优化。例如，种植业的内部结构由过去的粮食和经济作物组成的"粮经"二元结构，逐步发展成粮食、经济作物和饲料组成的"粮经饲"三元结构②。产业结构的变化会引起种植结构、种植面积结构的变化，饲草料播种面积所占比重逐渐增大，以及粮食、经济与饲草料作物的种植比例和产值比例越来越趋于合理化。一方面，种植业为养殖业提供了大量饲草料；另一方面，养殖业又会通过消耗和充分利用种植业产品的同时，将其粪尿等养殖业废弃物作为有机肥料提供给种植业，这样半农半牧区不仅降低了生产成本，又避免了给环境带来污染，实现了经济效益和生态效益的有机结合。

三　发展生态经济的资源优势

半农半牧区与牧区相比具有得天独厚的优势条件，那就是具有成本较低、数量丰富的秸秆资源，这为当地畜牧业发展提供了有力的物质保障。与农区相比，半农半牧区人均土地占有面积较大，具有发展畜牧业的地理空间优势。人均耕地面积0.4公顷。另外，从土壤分布来看，主要包括黑钙土、栗钙土和棕钙土等土壤类型，土质疏松，土壤肥沃。从光热资源来看，与牧区相比，半农半牧区的光热资源比较丰富，光照度强，无霜期长，对牧草成长更有利，单位面积土地的生物存活量也较大。这也说明发展草地畜牧业，能够充分发挥出半农半牧区的资源优势。

（一）资源规模优势

内蒙古的半农半牧区与农区相比，其土地资源优势突出，有适

---

① 赵哈林：《北方农牧交错带的地理界定及其生态问题》，《地球科学进展》2002年第5期。

② 孙芳：《资源节约型现代农牧业复合经营模式的创新》，《资源与产业》2010年第10期。

合牧草生长的自然条件，有许多优良牧草和玉米等农作物秸秆资源，为饲养各种不同家畜提供了丰富的饲草资源。在围封禁牧等有效的生态保护政策措施下，半农半牧区天然草场面积得到保护和扩大，其总面积为 626.61 万公顷。与牧区相比年降水量多，日照时间和无霜期长，有利于牧草稳定生长。与农区相比，其人均草地面积相对较大，而与农区相比，其人均耕地面积较大。剔除不可耕面积和林地（退耕还林）面积，该区域还具有丰富的耕地和草地资源，为农牧业结合发展提供了基础条件。

（二）资源组合优势

与农区和牧区相比，农牧交错带的半农半牧区在自然资源组合方面具有相对的优势，这为半农半牧区畜牧业发展提供了丰富的资源条件。与农区相比，虽然半农半牧区的水资源比较短缺，在生产瓜果蔬菜等需水量较高的农产品上，如果不借助新的生产技术条件，肯定不具有比农区更大的优势。但是半农半牧区从其阳光的照射度、生长期的长短以及风力等方面看，均适宜牧草的生长发育。并且该地区牧草与饲料产量比农区的高很多，如小麦与莜麦产量一般在 1500 千克/公顷左右，而草木樨和沙打旺等牧草产量则一般在 8250—15750 千克/公顷[1]。阳光照射度和气温适合小麦、荞麦、玉米、葵花等的大面积种植，其种植总产量较高，单位土地面积产量也较高，同时也比较有利于生产牧草与饲料等农作物。所以，包括内蒙古在内的北方半农半牧区比较适合采取农牧业结合的发展模式。

（三）劳动力资源优势

随着农牧业机械化程度和劳动者农业生产效率的提高，我国农村牧区存在着大量的剩余劳动力，不仅导致人力资源的浪费，也给社会带来严重的就业压力，给社会安定埋下了安全隐患。在内蒙古半农半牧区，随着农业现代化的发展，机械化程度越来越高，机器

---

[1]　孙芳：《资源节约型现代农牧业复合经营模式的创新》，《资源与产业》2010 年第 10 期。

代替人力，大量的农村剩余劳动力，也存在劳动力资源浪费的问题。

在半农半牧区传统经济发展模式下，农牧户以兼顾种田和养畜两种生产活动，实现两种劳动力的互补，解决劳动力的闲置和浪费问题。目前，内蒙古半农半牧区中，农村劳动力有281万人，占乡村总人口的39.4%，是很大规模的劳动力资源。

半农半牧区发展生态畜牧业和生态农业，可以在产业内部吸收大量的剩余劳动力。这不仅能减少农村牧区剩余劳动力的压力，也能够充分发挥丰富的劳动力资源的优势，避免劳动力的闲置和浪费。因此，半农半牧区经济社会的发展，对于吸收农村牧区劳动力问题来说意义重大。

因为内蒙古半农半牧区具有兼营畜牧业和农业的历史传统，农牧民普遍善于经营牲畜业和农业，对于发展生态农畜牧业和生态农业的发展，能够提供熟练的劳动力，降低培训成本，减少生产成本，从而促进生态经济的发展。

四　发展农牧业的区域优势

半农半牧区特殊的地理位置为其发挥区域优势奠定了很好的基础。它的地理位置处在农区和牧区之间的过渡带，将其处于农产品和畜产品的销售市场和饲草料供给市场的中间，不仅降低了交通运输成本，也有利于发挥市场信息的灵敏性。具体来说，这种区域优势能给半农半牧区带来两方面的经济效益：一方面，从半农半牧区与牧区的资源互动上看，由于半农半牧区毗邻于内蒙古的呼伦贝尔草原、河北的坝上草原，再往西连接内蒙古锡林郭勒草原牧区。这样的区域优势，为其提供了低成本的草原牧区架子牛和架子羊，进一步进行秋冬季异地育肥，不仅提高畜产品的单位产量和产值，也提高了资源利用率，降低了畜牧业发展风险；又创新和发展了牧区生产，在农区或半农半牧区寄养的方式避免了季节性损失，降低了固定资产的使用率，实现了经营模式的转变。同时，因牧区畜牧业发展缺乏冬季饲草的供给，一旦有重大天气变化或自然灾害，其畜牧业生产受到惨重的损失的问题，也因半农半牧区的青贮、黄贮、干草和草粉等资源的丰富储备，为其提供了很大的需求市场。另一方面，从半农半牧区与农区的经济交往来看，半农半牧区与我国辽宁省、吉林省和黑龙江省、河北省、山西省等著名的玉米主产区接壤。这样的有利区位为半农半牧区创造了能充分利用玉米盛产带丰富的饲料资源来发展优质高效的畜牧业打下了稳定的基础；以半农半牧区特殊的地理位置，伴随其畜牧经济的不断壮大，有望培育出大型的畜产品和活畜集散地，这为我国畜产品在全国范围内的生产、运输和销售一体化经营模式的创建提供了基础，同时，对半农半牧区自身的发展也将会是不可估量的促动力。

五　政策制度优势

本世纪初以来，中央政府高度重视牧区和半农半牧区畜牧业发展，出台了一系列政策措施，把半农半牧区畜牧业的发展提到农业和农村经济工作的更重要位置上来抓。

首先，惠农惠牧政策优势。半农半牧区作为农区和牧区之间的地区，对国家和地方政府各项优惠政策享受得更多。为了保护草原生态，国家对"生态环境非常恶劣、草场严重退化、不宜放牧的草原实行禁牧封育，中央财政按照每年每亩60元的测算标准对禁牧牧民给予禁牧补助。同时对禁牧区以外可利用草原实施草畜平衡奖励，中央财政按照每年每亩1.5元的测算标准对未超载的牧民给予草畜平衡奖励"[1]。内蒙古已发放2011年草原生态保护补助奖励资金34.8亿元，占应发数的98%，已有近143万户农牧民享受到草原生态补助奖励政策。内蒙古草原生态建设稳步推进，草原植被平均覆盖度达到38.01%，比2010年增加了近1个百分点[2]。2010年的中央一号文件中，把牧业、林业和抗旱、节水机械设备首次纳入补贴范围，要求逐步完善适合牧区、林区、垦区特点的农业补贴政策。这种补贴种类和范围不断扩大的过程，也就是农业支持补贴制

---

① 《我国启动1949年来草原生态保护方面最大规模奖补政策》，［EB/OL］．http：//news. xinhuanet. com/politics/2011-05/05/c_ 121383412_ 2. htm。

② 《内蒙古草原生态补助奖励政策惠及143万户农牧民》，［EB/OL］．http：//www. gov. cn/jrzg/2012-11/24/content_ 2274866. htm。

度逐步建立和完善的过程①。

其次，退耕还林、退牧还草政策虽然从眼前利益考虑，农牧民的收入受到影响，但是，从长远意义考虑，可以使半农半牧区居民能享受到最大的生态优惠。因生态条件的改善，不仅交通条件得以改善，生活环境得到美化，生活质量提高，从而健康状况好转，随之人均预期寿命也会提高。2011 年，中央政府强调"在牧区、半农半牧区坚持以草定畜，因地制宜发展草原畜牧业，在半农半牧区大力发展设施畜牧业，推进标准化规模养殖"②。这些政策不仅为半农半牧区经济发展模式改变和构筑新型经济发展模式提供政策支持和依据，也大力促进了该地区的经济发展。

再次，生态移民政策。对那些生态条件实在恶化，短期内不能恢复原状的地区，中央政府实施了生态移民政策。所以，诸多政策当中该政策是属于不得已而为之的下策。对于这一政策的科学性方面，不同的学科研究有不同的观点。民族学和社会学的一些学者对于该政策抱有批判观点的多一些。但是从宏观经济、区域经济发展战略的角度来看，这是一种很常态的政策。

总之，从中央到地方各级政府的有关农区和半农半牧区畜牧业发展方面的各项优惠政策措施，对于半农半牧区畜牧业的发展来说是难得的机遇，是有力的政策保障，能为半农半牧区畜牧业的发展保驾护航，从制度环境层面上解决了半农半牧区畜牧业发展问题。

第四节　生态经济发展模式的内容和特点

美国著名经济学家莱斯特·R. 布朗认为，"生态经济是有利于地球的经济构想，是一种环境永续不衰的经济，是满足我们的需求

---

① 邢和明：《努力推进新型工农城乡关系的构建——以 2004—2010 年中央一号文件为例》，《毛泽东邓小平理论研究》2011 年第 9 期。

② 岳富贵：《科尔沁区农区畜牧业产业化经营研究》，博士学位论文，内蒙古师范大学，2011 年。

又不会危及子孙后代满足其自身需求的前景的经济"①。从社会再生产的角度分类，生态经济包括生态生产、生态运输、生态销售、生态消费等；而从产业划分的角度分类，包括生态农业、生态工业和生态第三产业。生态农业又包括生态畜牧业、生态种植业（小农业）、生态林业、生态渔业等。半农半牧区生态经济模式主要包括生态畜牧业和生态种植业。

一　生态畜牧业发展模式

（一）生态畜牧业的界定

学术界对于生态畜牧业的界定有不同的观点。内蒙古社会科学院畜牧业研究所暴庆伍研究员认为生态畜牧业是运用系统工程的方法，紧密结合生态技术和传统游牧业，指导和组织畜牧业生产，建立良性循环、高产优质、高效低耗、保护草原环境、持续发展的现代化畜牧业生产体系②。

中央民族大学张丽君教授认为，生态畜牧业有别于传统畜牧业和工厂化的畜牧业，它具有集约性、综合性、协调性和无污染性等特点。它运用生态学、生态经济学和系统工程论来指导和发展畜牧业生产，以最小的投入追求尽可能多的产出，保护生态环境和不可再生资源，达到经济效益、社会效益和生态效益同步提高的目标③。

于建辉（2010）博士认为，生态畜牧业是包括植物系统、动物系统、自然系统以及社会系统的统一体。从过去传统的追求牲畜头数、增长速度和畜产品产量的畜牧业发展指标向追求人、草、畜平衡发展的内涵型发展指标转变。

有的学者认为，生态畜牧业是能够充分利用资源、减少环境污染的经济类型。例如，半农半牧区和农区发展畜牧业的模式就属于生态畜牧业。尽管国际上没有明确的生态畜牧业的定义，但可以肯定的是，生态畜牧业的核心概念就是遵循大自然的发展规律，获得

---

① 董锁成、王海英：《西部生态经济发展模式研究》，《中国软科学》2003 年第 10 期。
② 暴庆伍：《草原生态经济持续协调发展》，内蒙古人民出版社 1997 年版，第 10 页。
③ 张丽君：《西部开发与特色经济规划》，东北财经大学出版社 2002 年版，第 242 页。

经济和生态双重效益的畜牧业经营模式，是畜牧业发展模式的高级
阶段。

（二）生态畜牧业的特点

发展农牧业循环经济最重要的是要通过打造农牧业循环经济发
展框架，构建循环经济型农牧业体系，加快传统农牧业向现代农牧
业转变的步伐，培植农牧业循环经济载体。为此，我们要围绕以下
几方面构建循环经济型农牧业：

第一，生态保护第一性。保护环境、节约资源是生态牧业的主
要特征。资源的利用形式上，生态畜牧业遵循节约资源、尊重大自
然生态系统的运行规律，保护生态环境为前提。这是生态畜牧业与
传统畜牧业的区别，也是现代畜牧业发展最高阶段的表现形式。

第二，注重资源节约性。生态畜牧业以少投入、多产出为经营
原则，达到畜牧业生产系统的循环，实现生态平衡，最终提高生态
效益。以生态畜牧业经济的畜产品生产来说，通过畜产品品种的
改良，提高畜产品单位产量，达到提高经济效益的目的。不增加
牲畜头数，通过单位产量的提高同样能得到同量的经济效益的提
高。而以生态畜牧业经济的饲草生产来说，以草种改良，建设灌溉
设施等方法提高草场单位产草量的，减少畜牧业对草资源的压力，
保护生态系统的平衡和协调，达到节约资源，实现内涵型发展的
目标。

第三，追求正外部性。外部性是一个经济主体的活动对另一个
经济主体的行为产生的有利和有害的影响。按照循环经济学理论，
外部性的产生是由私人行为成本和社会行为成本的不一致导致的。
因此，为了纠正外部性问题，庇古提出庇古税，对正外部性进行补
偿，鼓励正外部性行为，抑制负外部性行为。发展生态畜牧业会产
生正外部性。不仅产生为社会提供畜产品等经济效益，也会产生保
护生态环境的生态效益。

第四，人草畜的平衡性。生态畜牧业是由草原自然生态系统和
草原牲畜与草原人口共同构成的复合型大系统。在这一综合系统
中，人口数量—牲畜头数—草资源容量之间必须相互平衡、相互协

调。这样才能实现整个畜牧业经济系统的良性循环，不破坏系统的内在运行机制，促进畜牧业的可持续发展。

（三）生态畜牧业发展模式的优势

首先，促进农牧民合作化发展。农民专业合作社、牧民专业合作社等合作化模式在我国农牧业发展过程中发挥越来越大的作用，从而成为当今畜牧业经济生产组织方式的必然选择。发展生态畜牧业，其经营主体一般要有一定的规模。合作社是能够满足这些条件或要求的一种生产组织方式。农牧民参加合作社，要在平等、自愿的基础上，以签订合同的形式，明确农牧民的权利和义务，并借助合作社的规模化实力来规避经营风险，保证农牧民经济利益不受损。合作社之间的合作分为横向合作和纵向合作。横向合作是指经营不同产业的合作社之间建立的合作。例如，畜牧业合作社和农业合作社之间的合作。纵向合作是指产业内部的不同产业链之间的合作。例如，农业生产合作和农产品加工合作社之间的合作或农产品供销合作与农产品生产合作之间的合作。

其次，提升畜牧业经济的国际竞争力。在全球经济竞争越来越激烈的今天，世界各国都在培育有核心竞争力的产业和品牌。我国加入 WTO 以来，农产品和畜产品会直接与国际市场对接，来自畜牧业发达国家的农畜产品直接冲击我国农牧业发展。在这样的宏观背景下，畜牧业发展模式的创新显得尤为重要。生态畜牧业以其天然、绿色、有机、无污染等特点，会有很强的竞争优势。

再次，改善农牧民的生产生活环境，提升生活质量。生态畜牧业的运行机理是利用资源的互补性特点，就地取材，节约成本，减少浪费。将一个产业生产中产生的废弃物，变为另一个产业生产所需的投入要素，实现能源的良性循环，在提高生产效率的同时，提高收入，提升生活质量。

（四）生态畜牧业发展的案例：肉牛养殖业模式

肉牛养殖业是特别适合半农半牧区资源特色的生态畜牧业发展模式。不仅能够利用半农半牧区丰富的秸秆饲料资源，减少资源浪费问题，也能减轻草场压力，还能解决农闲时期大量劳动力的闲置问题。

内蒙古阿鲁科尔沁旗北方肉业肉牛合作社，办起了肉牛"托牛所"，采用向社员无偿提供育肥牛舍、免费提供饲养服务、低价提供高质量饲草料、统一管理、集中科学饲养、统一回收销售、风险共担、利益共享的运营方式。把肉牛集中到一起养殖、销售，肉牛进入托牛所，每头牛可增加收入 300 到 500 元，合作社社员有 2000 余户，吸引农牧户不断加入合作社组织。

二　生态农业发展模式

（一）生态农业及生态农业发展模式的内涵

"生态农业"是在现代农业基础上形成的新概念。其核心是强调现代农业生产与自然环境之间的平衡。20 世纪以来，由于化工技术和产品在农业中的大量使用，造成了水、土地和大气环境的严重污染，于是形成了发展生态农业的新要求。多年来，在国内外都形成了生态农业的不同发展模式。所谓生态农业发展模式是指一种在现代农业生产发展实践中所形成的、以农业生产的经济效益、社会效益和生态效益相统一为主要特征的农业发展模式。在当代农业生产发展实践中，由于不同国家和地区农业生产本身的类型与资源环境条件的不同，从而形成了不同的生态农业发展模式。到目前为止，在我国已形成了一些比较成型的生态农业发展模式，其中包括北方"四位一体"生态农业模式、南方"猪—沼—果"生态农业模式、西北"五配套"生态农业模式等多种生态农业发展模式。

（二）生态农业的特点

从人类农业生产发展史的角度来看，大体说来经历了三个发展阶段，即传统农业、现代农业和生态农业。传统农业是在近现代科学技术革命以前的农业生产形态，其主要特点是，生产以传统手工劳动为主，基本遵从农业生产对象的自然生长规律，即农业劳动本身不改变农业生产对象的自然生长规律，从而自发地实现了农业生产与资源环境的天然统一。由于技术和生产方式的特点，决定了传统农业的低效率。现代农业是指运用近现代科学技术生产方法、以提高农业生产效率为目标、以资源环境的一定程度的破坏为代价的农业生产方式或形态。生态农业也可以叫后现代农业,它是为了克服现代农业破坏资源环境的弊端,在实现农业综合效益不断提高且可持续发展的同时,又能实现农业生产与资源生态环境的协调与平衡的一种新的农业生产方式。其主要特点是:遵循农业生产对象的自然生长规律,按照整体性、循环性、再生性的原则进行生产;运用更为先进的现代科学技术,实现农业综合效益(经济效益、生态效益和社会效益)的不断提高;生产无公害、无污染,具有可持续性。

(三)生态农业的案例:奈曼旗设施农业发展模式

奈曼旗位于内蒙古自治区东部,通辽市的西南部,总面积为8137.6平方公里,总人口为44.28万人,是典型的半农半牧区。

近年来,奈曼旗规避自然条件的劣势,充分发挥本地优势,走出了一条独特的农业发展道路——设施农业发展模式。奈曼旗将沙产业经营得有模有样。主要发展了沙地食用菌和沙地葡萄等产业,完成沙地大棚葡萄1000亩,沙地食用菌棚200座。引进推广早、中、晚熟设施鲜桃近3万株、温室脆枣2000株,推广应用耐寒、抗病、高产的尖椒新品种杰伦,替代了美国3号等,增加了棚室效益。

现在设施农业的规模大了,效益好了,越来越多的农民都跻身于这一行业中,开创出自己的致富之路。设施农业的发展,不仅让种植户富裕了,也满足了周边市民对蔬菜的需求,让广大市民吃上了放心、新鲜的蔬菜。

第五节 生态经济发展模式的运行机制: "种—养—工"循环经济

一 "种—养—工"循环运行机制的内涵

在草原和荒漠地区,以放牧为主的草食养殖业通常称之为牧区养殖业,也称为草原畜牧业。草原畜牧业所饲养的家畜主要是草食动物。其经营管理粗放，农牧结合不密切，饲草供应季节性波动大。半农半牧区利用得天独厚的资源、区位、文化、政策等优势，坚持发展草地畜牧业和农区畜牧业相结合、农区舍饲畜牧业和天然草原畜牧业相结合的现代畜牧业经济，进一步扩大产业领域，积极运用现代农牧业技术和飞速发展的交通运输业以及物流业的优势条件，走"种植业—养殖业—加工业"循环促进的"三赢"发展路子。

二　"种—养—工"循环运行机制的技术路线

种植业、养殖业和加工业三个产业以封闭式循环运行路线达到节约资源、降低生产成本和交易成本，获得经济、社会和生态三大效益的有机结合的可持续发展的目标。具体要求是首先要建立种草基地和养殖业基地，其次借助国家和地方政府的组织和支持培育龙头企业，此外要建立为养殖业和种草业服务的配套服务体系。

过去，舍饲养畜是农区畜牧业特有的经营方式。在牧区没有舍饲饲养的习惯，总是逐水草而牧，靠纯天然的草资源，基本靠牛羊的"自食其力"维持生产生活，与大自然的节奏和规律完全一体化。但其抗灾能力和畜产品产量不稳定，生产力发展波动性大，真可谓"小灾小减产，大灾大减产"。随着草场的减少和退化以及养畜数量的增加，半农半牧区畜牧业生产方式逐渐发生变革，不仅在农区舍饲圈养牛羊，牧区和半农半牧区也开始以舍饲和半舍饲方式进行畜牧业生产。特别是在半农半牧区，基本实现了舍饲和放牧相结合的舍饲和半舍饲畜牧业经营方式。

舍饲与放牧相结合是发展农区、半农半牧区养殖业中的两种基本饲养形式。舍饲圈养是建立养殖业基地的基本组成部分，也是由传统畜牧业生产方式转向现代畜牧业增长方式的有效途径。因为舍饲养畜能改善生态环境，使半农半牧区丰富的饲草料资源得到充分的利用，也能促进畜牧业规模化经营，提高畜牧业生产专业化程度。这对今后半农半牧区生态环境的改善以及畜牧业生产的稳定增长都具有重要的意义。（见图 6 - 1）

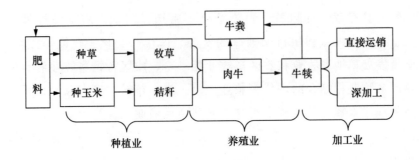

图 6-1 "种—养—工"循环经济运行示意

以上介绍的"种—养—工"循环经济运行机制，会促进相互紧密连接的几大产业的形成和发展。草原畜牧业所饲养的牲畜主要是草食动物。其经营管理粗放，农牧业结合不密切，饲草供应季节性波动大。半农半牧区利用得天独厚的优势，坚持发展草地畜牧业和农区畜牧业相结合、农区舍饲畜牧业和天然草原畜牧业相结合的现代畜牧业经济，进一步扩大产业领域，积极运用现代农牧业技术和飞速发展的交通运输业的优势，走"种植业—养殖业—加工业"相结合的循环经济，获得"三赢"发展。

三 "种—养—工"循环运行机制的几个结合方式

（一）人工草场与天然草场相结合

众所周知，草场是畜牧业经济中最重要的生产资料，生产资料的合理利用关系到物质生产的正常进行。造成牧区和半农半牧区草场退化，畜牧业发展缓慢的主要原因之一是没有认识到草场建设的重要性，没有将草业当做重要畜牧业产业来建设。据调研，发现半农半牧区单位面积牧草产量，远比粮食高，粮食产量一般不过 8 吨/公顷，而草木樨和沙打旺等牧草的产量一般在 13 吨/公顷左右，玉米青贮饲草一般能达到 50—60 吨/公顷。而牧草种植一次可收获多年，每年可收获多次，而且种植成本较低。以首蓿为例，按目前的生产水平和价格水平，1 亩地收入可达 1800 元。种草养畜，不仅能提高土地的产出率，而且能够通过养殖转化、延长产业链，增加农牧民收入。

近年来，面对牧区和半农半牧区生态恶化、草场退化等严酷现实，各级政府和畜牧业经营者开始认识到草业建设的重要性，由政府牵头，企业经营搞起人工种草基地和饲草料加工基地建设。这项工程，不仅解决了农牧业发展所需的饲草料问题，同时也解决了生态建设和畜牧业产业化发展问题，既惠民也利企。特别是解决畜牧业发展中的症结——草畜平衡问题。以生态效益为基础，经济效益为保障，社会效益为目标，做到了"三个效益"的有机结合。例如，内蒙古库伦旗政府以"立草为业、草业先行、以草定畜"为畜牧业发展原则，加强草业建设，加大对其现有 20 万公顷天然草场的保护和改善力度，2011 年，扩建人工草场 39 万亩，到"十二五"规划实现时，建设人工饲草料基地达到了 50 万亩的规模。以"科尔沁黄牛之乡"著称的科尔沁左翼后旗也大力加强草业建设，在保护和改良现有 70 万公顷天然牧场的基础上，加强了人工草场建设，扶持培育了以黄羊洼草业有限公司为首的新型畜牧业产业企业。

（二）舍饲与放牧相结合

为了促进半农半牧区畜牧业生产和经济的发展，我们必须转变观念，大胆改革传统落后的饲养方式和生产模式。过去舍饲养畜是农区畜牧业特有的经营方式。在牧区（多数饲养绵羊），主要采用逐水草而牧，靠天养羊，年年抗灾保畜，小灾小减产，大灾大减产。随着草场的减少和退化以及养畜数量的增加，半农半牧区畜牧业生产方式逐渐发生变革，不仅在农区舍饲养畜，牧区和半农半牧区也开始以舍饲和半舍饲方式养畜。特别是在半农半牧区，基本实现了舍饲和放牧相结合的舍饲和半舍饲畜牧业经营方式。舍饲与放牧相结合是发展农区、半农半牧区畜牧业生产的必由之路。也是由传统畜牧业生产方式转向现代畜牧业增长方式的有效途径。因为舍饲养畜能够很好地改善生态环境，农区、半农半牧区丰富的饲草料资源能得到充分的利用，舍饲养畜也能促进畜牧业规模化经营，提高畜牧业生产专业化水平。这对今后农区、半农半牧区生态环境的逐步改善以及畜牧业生产的稳定增长都具有重要的意义。

（三）种植业与养殖业的结合

在半农半牧区，将种植业和养殖业结合经营是最具竞争优势的经营模式。内蒙古半农半牧区种植业，主要以玉米生产为主，是国家玉米产业的主产区之一，丰富的秸秆资源为畜牧业发展提供了低成本的饲草料资源。

第六节　半农半牧区生态经济发展模式的生产组织类型

2013年的中央一号文件提出，"鼓励和支持承包土地向专业大户、家庭农场、农民合作社流转"。半农半牧区生态经济发展模式的生产组织类型大体有以下三种：新型农牧民专业合作社、专业大户和家庭生态牧（农）场。

一　新型农牧民专业合作社的特点

新型农牧民专业合作社在我国已经有近10年的发展历史，有运行比较好的，也有运行过程中受各方面冲击而失败的。但总体上看，新型农牧民专业合作社是现代农牧业发展的方向。资本积累形式是资本集中模式。在内蒙古，农牧民专业合作社起步较晚，从其经营形式上看，已经由过去的单纯种植业、养殖业经营向农畜产品的销售、运输、加工等行业延伸。

第一，合作社是带动农牧民进入市场的基本主体。合作社是统一经营，入社退社制度化的、实体化的经营实体。合作社通过其供销社的运作与城市大超市直接对接，与消费者产生关系。因此，以合作社方式经营农牧业，能有效克服分散经营带来的信息不对称、交易成本高等弊端，为农产品生产打开销路，提高信息化发展程度，提高品牌创造力和竞争力。

第二，农牧民专业合作社的基础是农村家庭承包责任制。参加合作社的成员一般是同类农产品的生产经营或农产品经营提供服务者。成员可以是组织，也可以是个人。也就是说，合作社是在家庭承包责任制的框架下的联合体。

第三，合作社是一种互助性经济组织，既有企业的性质，也不与企业完全相同。它在市场经营中追求利润最大化，同时，也不是完全以盈利为目标，具有联合互助、降低风险的目的。合作社是农牧民自我组织、自我管理的生产组织模式。参加合作社的成员一般都是经济实力较弱的农户。

二　专业大户的经营特点和优势

专业大户实质上是改革开放后受国家政策鼓励而建立起来的传统种植业和养殖专业户。近年来，在政府扶持建立的农牧业小区中，因在优胜劣汰的竞争原则下，有一些专业户因抵不住风险被淘汰，最终在竞争中坚持下来的专业户的规模越来越大，最后形成了专业大户。

与农牧民专业合作社不同的是该模式的资本积累形式是集聚形式。单个农户从某种农牧业（例如，养鸡、种植果树等）的小型经营开始，经过经营规模的不断扩大，形成专业大户。第一，所需劳动力数量少，组织劳动力成本比较低。第二，专业大户都是从专业户演变过来的，在经营技术上具有深厚的经验和成熟的技术，并且新技术的接受能力也比较强。政府的技术培训和推广的主力军是专业大户。

三　家庭牧场的特点和优势

家庭牧场是我国实现农牧业规模化的主导模式，也是适合我国国情的经营方式。家庭牧场是以家庭为经营单位，以草牧场为基本生产资料，以草地生态平衡为前提，以草原基本建设和畜牧业基础设施建设为着力点，以集约化经营为管理手段，以专业化商品畜牧业生产为基本经济特征，具有一定的商品生产规模，畜牧业收入是家庭经济收入的主要来源[①]。

（一）家庭牧场的特点

第一，经营主体多样化。家庭牧场可以是独立的牧业养殖户，

---

① 侯丰：《科尔沁草地家庭生态牧场模式探讨》，《草业科学》2004 年第 8 期。

可以是牧户联合，也可以是牧民合作经济组织。只要是在农牧民自愿、平等、互惠互利的原则之上成立的家庭牧场均受法律保护和政策支持。

第二，家庭牧场必须具有一定规模的放牧场、种草场和打草场。因家庭牧场的经营规模要求，养殖户和养殖户之间要保持一定距离，保证牲畜的活动空间。根据自治区家庭牧场建设标准，建立一个家庭牧场至少要有3000亩以上的草场，否则养畜形不成规模，成本高，风险大。例如，内蒙古扎鲁特旗白音大坝嘎查白银花的生态牧场面积达到2万亩，是通辽市草场规模最大的家庭牧场。

第三，要有一定的饲养方式。目前，家庭牧场的饲养方式有两种：一种是靠天然牧场，继承和发扬传统的放牧方式，入冬后拿干草适当补饲为特点的家庭牧场。这种牧场在半农半牧区极其少见。因为，这种模式的家庭牧场适合在土地面积较大、视野相对开阔但土壤结构却容易沙化、降雨量少、地下水位低的地方建立。另一种是以半舍饲和半补饲为主的家庭牧场，这种模式比较适合半农半牧区的自然特点。因为，半农半牧区比牧区地下水资源相对要丰富，种植牧草、饲料、农作物比较适合，并且半农半牧区有丰富的秸秆资源作为家庭牧场入冬饲养饲料。

第四，对牲畜质量要求高。按自治区标准，对生态牧场的畜群要求，通过引进优良种畜和杂交手段，改良畜种结构，培育适应性强、单体生产能力强、资源消耗少、经营效益高的畜种。其中，种公畜达到国家标准，基础母牛比重要占畜群总量的70%以上，基础母羊比重要占畜群总量的80%以上。肉牛月龄在18—24个月育肥出栏，平均胴体重达到210千克，日历年度基础母牛100头以上，出栏育肥牛200头以上。[1]

(二) 家庭牧场的优势

第一，规模适度，管理简单。一般家庭牧场的牲畜头数大多控

---

[1] 《生态家庭牧场建设标准（试行）》［EB/OL］. http：//www.nmagri.gov.cn/zxq/bmdt/229649.shtml。

制在 100 头以内，其规模与规模化养殖基地相比小得多。规模小管理起来简单一些。

第二，生产成本低，风险小。因家庭牧场的规模适度、管理简单，与规模化养殖基地相比，其经营成本相对低。主要节省两种成本：一是饲料成本的节约。利用半农半牧区得天独厚的秸秆资源优势，能轻松满足家庭牧场的养牛饲料需要。从这一点上看，其成本可以忽略不计。二是劳动力成本的节约。家庭生态牧场对劳动力要求不高。2 至 3 个人就能经营一个家庭牧场。在半农半牧区，劳动者所从事的农业劳动季节性较强。春秋两个季节各忙半个月到一个月的时间，就基本完成农作物的种植和收割环节，而有大量的时间可用于牲畜的饲养上。家庭劳动力的技术及体力要求较农业低。灵活机动的方式可解决劳动力来源问题。因此，劳动力成本较低。生产成本低，因而所能发生的风险也比较低。例如，饲料成本几乎是免费的，也就意味着风险极低。

第三，扩大就业出路，增加农牧民收入。家庭牧场与规模化养殖场相比，集约化程度和机械化程度相对低，所吸收劳动力相对多一些，可实现半农半牧区剩余劳动力的产业内部转移，而增加农牧民收入。

在半农半牧区，因其土地、自然资源特点和农牧业结构特点，比较适合以家庭生态牧场和农牧民专业合作社为生产组织方式。

第七节　构建半农半牧区生态经济发展模式的保证措施

构建生态经济发展模式的目标特点是保证经济系统和生态系统的平衡，追求人与自然的和谐发展，实现经济效益、社会效益和生态效益的统一，这是生态经济发展模式与传统经济发展模式的根本区别。要构建和完善生态经济发展模式，需要完整的配套措施。

一 培育农牧业龙头企业，推进农牧业产业化经营

龙头企业是农牧业产业化经营的载体和关键，起到开拓市场、技术创新、引导和组织基地生产与农牧户经营的重要作用。发展半农半牧区生态经济，要依托龙头企业的带动作用，连接农畜产品的生产、加工、销售和消费等几个环节，实现更多农牧民参加产业链的各环节，实现农牧业劳动力的就地转移。因此，按照"育龙头、建基地、兴产业、带农户"的模式，不受地区、行业和所有制限制，着力培育和壮大一批带动能力强的农畜产品加工、流通，带动农牧户发展商品生产的龙头企业是加速推进半农半牧区生态农牧业发展的关键。而出色的企业家以及懂经营、会管理的人才队伍是龙头企业的根本。大力培养和引进专业人才及企业家是培育农牧业龙头企业的配套措施。品牌是企业的形象，是企业的亮点，也是企业的核心竞争力。通过大力实施特色农牧业品牌化战略，能够增强农牧业产品的市场竞争力，并带动整个农牧业经济的发展、提高农牧民收入。内蒙古半农半牧区农牧业产业化发展水平尚处在起步阶段，需要大批有本事的领头人、有实力的企业把"龙头"舞起来，把广大农牧民带动起来，引领农牧业发展的方向。

二 合理利用土地，提高耕田和草场质量

进入新世纪后，全国各地的社会经济发展对于水土保持和生态建设提出了新的要求。防止水土流失，加快植被恢复，而改变生态恶化的局面，引起社会关注的重大问题。半农半牧区有些地区自然条件极其脆弱，不适合耕种，需要积极响应国家退耕还林政策，积极恢复土地自然生产能力。树立人与自然和谐共处的生态理念，依靠大自然的力量，充分发挥生态的自我修复能力，加快植被恢复和生态系统的改善成为半农半牧区的当务之急。

2007 年中央一号文件中明确提出，"切实提高耕地质量，强化和落实耕地保护责任制，切实控制农用地转为建设用地的规模，合理引导农村节约集约用地，切实防止破坏耕作层的农业生产行为。加大土地复垦、整理力度。按照田地平整、土壤肥沃、路渠配套的

要求，加快建设旱涝保收、高产稳产的高标准农田"①。

根据半农半牧区土壤条件和土地肥沃度情况，宜农则农，宜牧则牧，因地制宜地开发利用土地，科学合理地规划产业布局，农牧均不可行的地区重点保护，围封禁牧，退耕还林。

耕地和草场是半农半牧区最基本的生产资料，耕地和草场质量的提高直接带来农产品和饲草料产量的提高，保证农畜产品的质量安全，才能保证农畜产品的无污染、纯绿色等质量标准，实现真正的生态经济。在提高耕田和牧场质量的手段上，政府要组织和委托相关部门，进行实验和示范基地研究，将研究成果推广和普及到半农半牧区实际的生产中。

三　加大生态经济发展的政策支持力度

首先，实施倾斜财政政策，增加转移支付。加大农牧业资金投入是生态经济发展的物质基础。国家财政新增社会发展经费和固定资产投资增量要重点加大对半农半牧区的投入。资金投入重点向农技培训、劳务输出培训、补偿土地流转中金融机构的利息损失、合作社的组建基金支持等。支持资金的运用方式上，中央财政可以分等级、分批实施，也可以以奖励和鼓励结合的方式来实施资金投入。在投入资金的额度上，要以高于半农半牧区往年的财政收入为标准实施投入。其次，加大力度实施金融倾斜政策。加快改革农村金融机构和制度，尽快形成支持和促进半农半牧区发展的投融资体制。尽快满足半农半牧区经济发展所需稳定的资金来源，努力形成商业银行、合作银行、国家政策性银行和小额贷款公司合力形成的金融体系。再次，实施支持土地流转的税收政策，鼓励企业和私人投资开荒，建设生态农牧业，调动一切力量，盘活农村土地。

四　各级政府整合力量，增加基础设施投入

基础设施是保证农牧业生产的基本条件，然而基础设施落后是半农半牧区普遍存在的问题。半农半牧区与农区相比降水量相对

---

① 《关于积极发展现代农业、扎实推进社会主义新农村建设的若干意见》，[EB/OL]．http：//www. gov. cn/gongbao/content/2007/content_ 548921. htm。

少，不仅地表水极少，地下水位也很低，水资源比较稀缺，一旦遭遇干旱年份，农作物会减产甚至绝收。同时，半农半牧区地形地貌不平整，建设和维护成本比较高，这对水利设施的建设和维护提出了更高的要求。此外，半农半牧区的交通运输条件、通信设备、电视网络和电力电价是影响其经济发展的重要制约因素。基于这些原因，必须高度重视半农半牧区基础设施建设，将其当作现代农牧业建设中的重中之重来抓。

基础建设投入主体包括各级政府、生态农牧业经营合作社和农牧户等；投入的资金来源包括各级政府农牧业发展专项资金、各金融机构提供的低利息贷款、经营者的自筹资金。投入范围包括灌溉设施、沼气生产设备和技术、太阳能设备，蔬菜大棚、饲养棚圈、饲草料加工间等基础设施和配套设施的建设和维护。特别是水利灌溉设施的生产上，国家委托水利设施研发和生产单位，为半农半牧区设计、生产出"量身定做"的水利设施。为鼓励农户购买水利设施，中央政府对购买水利设施的农牧民进行奖励，为水利设施的动力能源的购买提供补贴。

五　强化政府的服务职能，为生态经济发展提供有力支撑

在农村牧区的经济建设中，政府的作用范围比较广。在半农半牧区生态经济发展中，地方政府的引导、扶持和服务显得尤为重要。

（一）健全政府的社会服务体系，营造良好的农畜产品生产、加工、销售、消费等环境

农畜产品的生产环节是半农半牧区经济的开端部分。政府要为生产环节提供产前、产中、产后服务。严格监管农畜产品的加工环节，保证产品的安全。农畜产品销售环节是连接生产环节和消费环节的重要纽带。农畜产品营销环境的构筑和完善是由政府来承担的。生产主体（包括企业、农牧户和合作社）对于市场环境的维护和完善是无力应对的，只有靠政府的服务职能才能解决。因此，各级政府尤其是地方政府应采用各种激励机制，培育和壮大涉农龙头企业，组织和扶持农牧民专业合作社的构建和发展。同时，地方政府要积极协调农民、企业和合作社之间的关系，构建三方利益一体化的利益联结机制，使农民有规避生态农牧业经济模式风险的能力。

（二）协调企业、合作社和农牧户之间的关系，建立企业与农牧户的利益长效机制

在庞大的市场竞争中，农牧民作为弱小主体还要单枪匹马进入市场肯定竞争不过大企业。在与企业交易过程中，牧民处于被动、不利的地位。农牧民要保护自己的利益，需要借助牧民与企业建立的利益长效机制的作用。如果形成一个合力共同应对博弈对手，农牧民就会在竞争中处于平等地位，保护合法利益，并与各个其他地区的合作社联合形成更大的经济利益群体（甚至是形成社会利益群体），不久的将来会彻底解决"三农"问题。这样才能保证畜牧产品经营中各利益主体处于平等地位，使畜牧业经济保持稳定而快速的发展。

（三）完善为生态经济服务的科技体系，加强农牧民的科技培训

出于生态经济发展的科技需要，整合一切力量，将"产、学、研、政"联合起来，全力服务于生态畜牧业、生态农业和生态工业。同时，注重农牧民的科技培训，鼓励和联合社会培训机构，培养出生态农牧业发展所需的新型农牧民。（见图6-2）

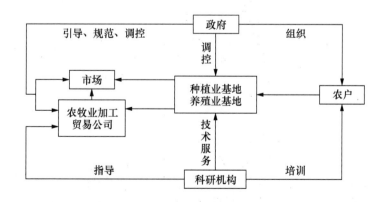

图6-2　政府在生态畜牧业发展中的定位示意

六 加强政府对半农半牧区劳动力转移和城镇化建设中的主体作用

劳动力转移和城镇化建设是工业化的产物，也是生态经济发展的客观需求。半农半牧区实现劳动力转移和城镇化的推进，要依靠政府的主体作用。政府通过分类、分批组织和培训将半农半牧区剩余劳动力推向各个领域和地区。转移方向上，一部分劳动力向城镇第二、三产业转移，另一部分劳动力向半农半牧区第一产业内部转移。推动对劳动力的转移、城镇化建设的规划、实施任务是由半农半牧区地方政府来承担，这是政府的经济职能和社会职能。

通过实施城镇化，将半农半牧区大量剩余劳动力推向城镇，扩大城镇消费，减少和避免劳动力资源的大量浪费，促进半农半牧区土地流转速度，支持农牧业集约化和规模化发展，其实现形式是资源节约型循环经济方式。要将半农半牧区居民收入差距缩小，通过劳动力转移到外地的方式比较困难。同时从制度层面，为半农半牧区少数民族劳动力提供人性化的服务。另外，要高度重视半农半牧区民族教育和职业教育，克服少数民族劳动力的就业局限性，帮助该地区农牧民脱贫致富。

结　论

半农半牧区作为农耕文化和游牧文化交融的地带，记录着各民族生产生活的活动轨迹，也承载着各民族文化的渗透和社会变迁的辉煌与沧桑。在矛盾和碰撞、挑战和机遇中，诠释着人类千百年的永恒的主题——生存与发展。在人类社会已经进入工业化发展阶段的今天，内蒙古半农半牧区为适应自然环境和社会环境的变化，探寻适合自己的经济发展模式是必然要求。

本书在梳理前人研究成果的基础上，利用五章的篇幅，分析论证了内蒙古半农半牧区经济发展的历史和现状及优势和问题，在借鉴国内和国外成功经验和值得吸取的教训的基础上，提出了半农半牧区要构建生态经济发展模式的观点。在半农半牧区，生态经济发展模式的主要内容是生态畜牧业和生态农业。在合作社、生态牧（农）场和专业大户等生产组织模式下，生态畜牧业和生态农业，以及农牧加工业，以"种—养—工"的循环运行机制，实现经济发展、社会发展与生态环境的协调平衡，实现经济效益、社会和生态效益的有机统一。奈曼旗的设施农业发展模式和科尔沁肉牛产业的发展模式正是半农半牧区生态经济发展模式的典型案例和实践检验。实践证明，生态经济发展模式是半农半牧区经济发展的必然选择模式，也是现代农业发展的必然趋势。

研究半农半牧区经济发展模式的问题，到这里似乎得到了令人满意的结论。但在写作过程中，笔者发现又有很多值得去继续研究的问题。首先，本书侧重的更多的是定性分析，要对半农半牧区的生态经济发展模式的综合效益，进行科学的评估，必须建立一套量化的评估指标体系，来做客观、精确的效益分析，有利于生态农业模式的深化发展。这一问题是非常值得研究的课题。其次，在市场经济条件下，这一模式要有效地实施，除了政府的引导和组织以外，如何将相关的社会力量整合起来，更好地推动现代生态农业的发展是又一个值得探究的课题。最后，在半农半牧区经济研究中，能够引用现代发展经济学、区域经济学的新理论，来研究半农半牧区发展模式，可能是一个不错的创新。

总之，半农半牧区的生态农业问题是一个具有广阔前景的研究领域，随着对这一问题研究的深化，半农半牧区的生态农业将获得更健康的发展。

参考文献

著 作

1. 马克思:《资本论》,人民出版社 1975 年版。

2. 胡钧:《胡钧自选集》,中国人民大学出版社 2007 年版。

3. 黄健英:《北方农牧交错带变迁对蒙古族经济类型的影响》,中央民族大学出版社 2009 年版。

4. 宋乃平:《农牧交错带农牧户土地利用选择机制研究》,科学出版社 2007 年版。

5. 潘乃谷、马戎:《中国西部边缘地区发展模式研究》,民族出版社 2000 年版。

6. 王建革:《农牧交错带与传统蒙古社会》,山东人民出版社 2006 年版。

7. 内蒙古自治区畜牧业厅修志编史委员会:《内蒙古畜牧业发展史》,内蒙古人民出版社 2000 年版。

8. 亨廷顿:《亚洲的脉搏》,王彩琴、葛莉译,新疆人民出版社 2001 年版。

9. 布罗姆利:《经济利益与经济制度》,上海三联书店、上海人民出版社 1996 年版。

10. 舒尔茨:《改造传统农业》,梁小民译,商务印书馆 1987 年版。

11. 费孝通:《从实求知录》,北京大学出版社 1998 年版。

12. 李世奎:《中国农业气候资源和农业气候区划》,科学出版社 1988 年版。

13. 张敦福:《区域发展模式的社会学分析》,天津人民出版社 2002 年版。

14. 肖瑞玲、曹永年：《明清内蒙古西部地区开发与土地沙化》，中华书局 2006 年版。

15. 温铁军：《三农问题与制度变迁》，经济科学出版社 2009 年版。

16. 色音：《蒙古游牧社会的变迁》，内蒙古人民出版社 1998 年版。

17. 王玉海：《发展与改革——清代内蒙古东部由牧向农的转型》，内蒙古大学出版社 2000 年版。

18. 闫天灵：《汉族移民与近代内蒙古社会变迁研究》，内蒙古大学出版社 2004 年版。

19. 赵松乔：《内蒙古自治区农牧业生产配置问题的初步研究》，科学出版社 1958 年版。

20. 阿岩、乌恩：《蒙古族经济发展史》，远方出版社 1999 年版。

21. 陈海、赵云龙：《中国北方农牧交错带生态——生产范式区划及建设研究》，中国农业出版社 2005 年版。

22. 阎光亮：《清代内蒙古东三盟史》，中国社会科学出版社 2006 年版。

23. 潘建伟：《中国牧区经济社会发展研究》，中国经济出版社 2010 年版。

24. 吴映梅：《西部少数民族聚居区经济发展机制研究》，人民出版社 2006 年版。

25. 延军平：《西北经济发展与生态环境重建研究》，中国社会科学出版社 2008 年版。

26. 刘永佶：《中国少数民族经济发展研究》，中央民族大学出版社 2006 年版。

27. 乌日陶克套胡：《蒙古族游牧经济及其变迁》，中央民族大学出版社 2006 年版。

28. 李忠斌：《民族经济发展新论》，民族出版社 2004 年版。

29. 王文长：《民族视角的经济研究》，中国经济出版社 2008 年版。

30. 李浩：《转型与跨越：民族地区经济结构研究》，民族出版社 2006 年版。

31. 岳天明：《中国西北民族地区经济与社会协调发展研究》，中国社会科学出版社 2009 年版。

32. 陈建华：《农牧交错带可持续发展战略与对策》，化学工业出版社 2004 年版。

33. 修长柏：《内蒙古农牧交错带农村发展路径研究——以和林格尔县为例》，中国农业出版社 2010 年版。

34. 马戎：《少数民族社会发展与就业——以西部现代化进程为背景》，社会科学文献出版社 2009 年版。

35. 谢作渺：《环境友好型经济发展模式》，中央民族大学出版社 2008 年版。

36. 暴庆伍：《蒙古族生态经济研究》，辽宁民族出版社 2008 年版。

37. 周志雄：《新农村建设的模式与路径研究》，浙江大学出版社 2008 年版。

38. 孙芳：《中国农牧交错带现代农牧业经营模式研究》，中国农业出版社 2011 年版。

39. 盖志毅：《制度视域下的草原生态环境保护》，辽宁民族出版社 2008 年版。

40. 郝亚明、包智明：《体制政策与蒙古族乡村社会变迁》，中央民族大学出版社 2010 年版。

41. 哈达：《科尔沁沙地边缘的半农半牧村——内蒙古扎鲁特旗道老杜苏木保根他拉嘎查调查报告》，社会科学文献出版社 2012 年版。

42. 郭平：《农村区域循环经济发展理论与实践研究》，中国农业科学技术出版社 2010 年版。

43. 根锁：《东北亚干旱地区可持续农牧业系统开发研究》，内蒙古科学技术出版社 2009 年版。

44. 林毅夫：《制度、技术与中国农业发展》，上海人民出版社 1992 年版。

45. 韩茂莉：《草原与田园——辽金时期西辽河流域农牧业与环境》，上海三联书店 2006 年版。

46. 王晓毅：《环境压力下的草原社区——内蒙古六个嘎查村的调

查》，社会科学文献出版社 2009 年版。

47. 李文军、张倩：《解读草原困境对于干旱半干旱草原利用和管理若干问题的认识》，经济科学出版社 2009 年版。

48. 宋乃平：《农牧交错带农牧户土地利用选择机制研究》，科学出版社 2007 年版。

49. 珠飒：《18—20 世纪初东部内蒙古农耕村落化研究》，内蒙古人民出版社 2009 年版。

50. 恩和：《内蒙古牧区草原退化与生态安全带的建设》，内蒙古大学出版社 2011 年版。

51. 额尔敦布和：《内蒙古草原畜牧业的可持续发展》，内蒙古大学出版社 2011 年版。

52. 孛尔只斤·布仁赛音：《近现代蒙古人农耕村落社会的形成》，内蒙古大学出版社 2007 年版。

53. 武学敏：《鄂尔多斯及周边旗县区经济社会发展研究》，内蒙古大学出版社 2007 年版。

54. 张文奎：《关于畜牧业现代化的几个问题》，农业出版社 1983 年版。

55. 任维德：《中国现代化进程中民族发展的政治经济分析》，内蒙古大学出版社 2006 年版。

56. 双喜：《中国北方地区的经济发展与环境保护》，内蒙古科学技术出版社 2009 年版。

57. 张瑞珍：《中国半干旱地区农牧业可持续发展研究——内蒙古荒漠化地区为例（日文）》，中国农业出版社 2009 年版。

58. 额尔敦扎布：《蒙古族土地所有制特征研究（蒙文）》，辽宁民族出版社 2001 年版。

59. 额尔敦扎布：《游牧经济论（蒙文）》，内蒙古教育出版社 2006 年版。

60. 梅棹忠夫：《蒙古游牧文化的生态人类学研究（蒙文）》，色音译，内蒙古人民出版社 2001 年版。

61. 乌日陶克套胡、格日乐其其格：《蒙古族农业经济及其变迁（蒙文)》，民族出版社 2012 年版。

论　文

1. 赵松乔：《察北、察盟及锡盟：一个农牧过渡地区的经济地理调查》，《地理学报》1953 年第 1 期。

2. 赵松乔：《内蒙古自治区的地形条件在土地利用上的评价》，《地理学报》1958 年第 3 期。

3. 朱震达：《草原地带沙漠化环境的特征及其治理的途径——以内蒙乌兰察布草原为例》，《中国沙漠》1981 年第 1 期。

4. 吴传钧：《国土整治和区域开发》，《地理学与国土研究》1994 年第 3 期。

5. 费孝通：《我看到的中国农村工业化和城市化道路》，《浙江社会科学》1998 年第 4 期。

6. 陈锦铭、娄金华：《贫困村发展模式比较研究》，《农业现代化研究》1996 年第 2 期。

7. 史德宽：《农牧交错带持续发展战略中的特殊地位》，《草地学报》1999 年第 1 期。

8. 李世奎：《中国农业气候区划研究》，《中国农业资源与区划》1999 年第 3 期。

9. 程序：《农牧交错带研究中的现代生态学前沿问题》，《资源科学》1999 年第 5 期。

10. 王静爱等：《中国北方农牧交错土地利用与人口负荷研究》，《资源科学》1999 年第 5 期。

11. 刘庆：《青藏高原东部（川西）生态脆弱带恢复与重建研究进展》，《资源科学》1999 年第 5 期。

12. 李三谋：《伊克昭盟近代农牧活动探析》，《农业考古》2000 年第 3 期。

13. 史培军、哈斯：《中国北方农牧交错带与非洲萨哈尔地带全新世环境变迁的比较研究》，《地学前缘》2002 年第 1 期。

14. 《北方农牧交错带的地理界定及其生态问题》，《地理科学进展》2002 年第 5 期。

15. 于培民、刘富铀：《西北农牧交错带优势产业发展模式探讨》，《现代财经》2003 年第 10 期。

16. 王利文：《草地系统管理：优化生产——生态范式》，《中国畜牧报》2003 年第 7 期。

17. 刘富铀、吴育华：《中国北方农牧交错带经济发展模式探讨——多伦县防治沙漠化和发展农牧区经济调查》，《西北农林科技大学学报》2003 年第 3 期。

18. 包玉山：《游牧文化与农耕文化：碰撞·结果·反思——文化生存与文化平等的意义》，《社会科学战线》2004 年第 4 期。

19. 陈海等：《中国北方农牧交错带生态——生产范式区划研究》，《水土保持通报》2005 年第 5 期。

20. 侯向阳：《我国牧区县和半牧区县划分及发展方向研究》，《科技导报》2007 年第 9 期。

21. 郝慧敏、任志远：《北方农牧交错带县域经济可持续发展模式实证研究》，《干旱地区农业研究》2006 年第 3 期。

22. 王业侨、刘彦随：《新西兰农牧业发展模式及其启示》，《经济经纬》2006 年第 3 期。

23. 师尚礼等：《农牧交错特征分析与苜蓿燕麦种植区域的形成》，《草原与草坪》2005 年第 6 期。

24. 何雪娟：《东北地区农牧交错带的长生与可持续发展》，《大连民族学院学报》2008 年第 2 期。

25. 申让平：《北方农牧交错区农业可持续发展模式初探》，《陕西农业科学》2005 年第 6 期。

26. 孙芳、郭英丽：《高寒半干旱农牧交错带退耕还草与畜牧业发展研究》，《河北北方学院学报》2006 年第 6 期。

27. 王志明、程积民：《南黄土丘陵区宁木结构调查与模式的研究——以宁夏固原河川乡为例》，《水土保持研究》2008 年第 3 期。

28. 付桂军：《内蒙古半农半牧区可持续发展的内涵及特征分析》，《阴山学刊》2009 年第 2 期。

29. 张力小：《中国北方农牧交错带农牧选择适宜性分析——以科尔沁沙地为例》，《水土保持研究》2007 年第 5 期。

30. 孙芳、高立英：《现代农牧业纵横一体化经营模式影响因素分析》，《农业技术经济》2010 年第 6 期。

31. 霍晓伟：《半农半牧区肉牛业的主要模式——家庭牧场》，《中国牧业通讯》2007 年第 6 期。

32. 徐萍等：《浙江省现代农牧业发展的现状、问题与对策研究》，《中国农学通报》2009 年第 25 期。

33. 梁兴辉、王丽欣：《中国县域经济发展模式研究综述》，《经济纵横》2009 年第 2 期。

34. 孔祥智、李圣君：《试论我国现代化的发展模式》，《教学与研究》2007 年第 10 期。

35. 孙芳、乔颖丽：《改革 30 年农牧交错带农牧业经营模式转变分析》，《农业经济》2009 年第 1 期。

36. 王云霞、曹建民：《内蒙古半农半牧草原退化与合理利用研究》，《内蒙古农业大学学报》2010 年第 3 期。

37. 孙芳、高立英：《农户选择现代农牧业经营管理模式影响因素实证分析》，《河北北方学院学报》2010 年第 4 期。

38. 杨震海等：《半农半牧区亟须建立草原生态补偿机制》，《农业工作通讯杂志》2009 年第 23 期。

39. 欧阳玲：《北方农牧交错带人地关系研究进展》，《赤峰学院学报》2008 年第 1 期。

40. 张庆霞、谢榜雄：《农户生产模式选择机制》，《宁夏工程技术》2009 年第 2 期。

41. 叶敬忠、安苗：《现代农业发展模式的理论溯源与实践反思》，《贵州社会科学》2010 年第 10 期。

42. 张培峰等：《北方农牧交错带经济发展与生态环境协调前景预测》，《中国人口、资源与环境》2010 年第 2 期。

43. 李锦秀等：《阿拉善地区水资源与生态环境变化及其对策研究》，《干旱区资源与环境》2010 年第 1 期。

44. 肖鲁湘、张增祥：《农牧交错带边界判定方法的研究进展》，《地理科学进展》2008 年第 2 期。

45. 赵军、李霞：《中国农牧交错带研究进展》，《草业科学》2009 年第 1 期。

46. 付桂军：《内蒙古半农半牧区生态经济模式构建》，《北方经济》2009 年第 5 期。

47. 郝亚明：《蒙古族半农半牧经济形态的形成与发展——基于统治政策变化的视角》，《江海纵横》2010 年第 7 期。

48. 刘印成：《对内蒙古自治区牧民合作社发展现状的分析和建议》，《中国农民合作社》2011 年第 5 期。

49. 马举魁：《关于家庭联产承包责任制与农村土地制度改革的思考》，《理论导刊》2004 年第 8 期。

50. 刘恕、田裕钊：《历史的启迪：从当年一项"向旱灾进攻"的巨型规划说起》，《科技导报》2003 年第 1 期。

51. 滕藤：《生态经济与相关范畴》，《生态经济》2002 年第 12 期。

52. 党周、张进林、何伟：《青海探索生态畜牧业建设取得阶段性成效》，《经济参考报》2009 年 11 月 5 日。

53. 谢丽丽、呼格吉勒图：《内蒙古半农半牧区畜牧业发展变化与可持续发展对策》，《河套大学学报》2012 年第 1 期。

54. 单叶涛、罗娜、段进军：《苏南农村经济发展模式研究》，《运城学院学报》2012 年第 6 期。

55. 囡丁：《牧区、半农半牧区畜牧业发展方式转变任重道远》，《中国畜牧业》2013 年第 20 期。

56. 刘志颐：《农牧交错带循环经济模式研究——以内蒙古自治区化德县为例》，《企业科技开发》2012 年第 1 期。

57. 樊星、叶瑜、罗玉洪：《从〈清实录〉看清代 1644—1795 年中国北方农牧交错带东段的农业开发》，《干旱区地理》2012 年第 6 期。

58. L. S. Radwan, "Farmer Responses to Inefficiencies in the Supply and Distribution of Irrigation Requirements in Delta Egypt", *The Geo-*

graphical Journal, Vol. 163, No. 1 (Mar. , 1997), pp. 78 – 92.

59. Len Berry, Janet Townshend, "Soil Conservation Policies in the Semi – Arid Regions of Tanzania, a Historical Perspective", University of Dar es Salaam, Geografiska Annaler. Series A, Physical Geography, Vol. 54, No. 3/4, 1972.

60. James Rice, "Ecological Unequal Exchange: International Trade and Uneven Utilization of Environmental Space in the World System", *Social Forces*, Vol. 85, No. 3 (Mar. , 2007), pp. 1369 – 1392.

61. Matthew Thomas Clement, Jessica Schultz, "Political Economy, Ecological Modernization, and Energy Use: A Panel Analysis of State – Level Energy Use in the United States, 1960 – 1990", *Sociological Forum*, Vol. 26, No. 3 (September, 2011), 581 – 600.

后　记

　　本书是我在对博士毕业论文的主体框架做进一步修改和完善的基础上完成的成果，此时虽然毕业已有一年有余，但是内心深处的那种激动、心酸、五味杂陈的感觉迟迟不见消失。攻读博士学位对我来说倍感艰辛。在工作、家庭和学业三者之间，忙忙碌碌六年时光，中途甚至有过放弃学业的念头，但最终还是坚持下来了。

　　在此我要深深感谢导师胡钧教授。先生严谨的治学之道、宽厚仁慈的胸怀、勤奋的工作态度和诲人不倦的师德，为我树立了一生学习的典范。老师的悉心教诲和殷殷期望，将激励我在教学教育和学术研究上励精图治、开拓创新。

　　感谢中国人民大学张宇教授、邱海平教授以及所有给我授课的老师们，诸位老师学术至高的研究态度感染着我，鼓励着我。在诸位老师的帮助、指导和督促下，让我在最后关头鼓起勇气递交自己的论文。感谢李明秀、陶玉、王娟、蔡万焕、袁辉等同窗好友的帮助和鼓励，愿我们的友谊长存，也感谢学妹武平平和学弟周建军的帮助。

　　感谢内蒙古师范大学经济学院的各位领导和老师们，在他们的关心、支持和帮助下，我能够全心投入到博士研究生课程的学习和毕业论文的撰写工作中，并能顺利完成。

　　这里也特别感谢内蒙古自治区库伦旗国土资源局的吉尔嘎啦图和中共库伦旗党校的苏日娜副教授的热心帮助。

　　最后我要感谢我爱人胡日查先生和女儿艾丽娅同学，是他们的爱温暖着我、激励着我，使我勇敢地面对人生路途中的各种艰辛，不断地超越自己，不断地实现梦想。